HÁBITOS SAUDÁVEIS *para o* CRESCIMENTO ESPIRITUAL

Publicações
Pão Diário

52 princípios para a transformação pessoal

HÁBITOS SAUDÁVEIS
para o
CRESCIMENTO
ESPIRITUAL

Luis Palau

© 1994 by Luis Palau
All rights reserved.
*Previous editions published as So You Want to Grow (USA)
and Steps Along the Way (UK)*, © 1984, 1986.
*Discovery House Publishers is affiliated with RBC Ministries,
Grand Rapids, Michigan.*

© 2019 Publicações Pão Diário
Coordenação editorial: Dayse Fontoura
Tradução: João Ricardo Morais
Revisão: Dalila de Assis, Dayse Fontoura, Lozane Winter, Rita Rosário
Foto da capa: © kim7 por Shutterstock
Projeto gráfico e capa: Audrey Novac Ribeiro
Diagramação: Audrey Novac Ribeiro

Dados Internacionais de Catalogação na Publicação (CIP):

Palau, Luis, 1934–

Hábitos saudáveis para o crescimento espiritual — 52 princípios para a transformação pessoal. Tradução: João Ricardo Morais — Curitiba/PR,

Publicações Pão Diário.

Título original: *Healthy Habits for spiritual growth — 52 principles for personal change*

1. Vida cristã 2. Fé prática

Proibida a reprodução total ou parcial, sem prévia autorização, por escrito, da editora.
Todos os direitos reservados e protegidos pela Lei 9.610, de 19/02/1998.
Permissão para reprodução: permissao@paodiario.com

Exceto quando indicado o contrário, os trechos bíblicos mencionados são da edição Revista e Atualizada de João F. de Almeida © 2009 Sociedade Bíblica do Brasil.

Publicações Pão Diário
Caixa Postal 4190, 82501-970
Curitiba/PR, Brasil
publicacoes@paodiario.org
www.publicacoespaodiario.com.br
Telefone: (41) 3257-4028

RE074
ISBN: 978-65-86078-05-3

Impresso no Brasil

*Dedicado à glória de Deus para a edificação
de Sua família.*
*Dia a dia, à medida que você — em oração — ler,
digerir e praticar os hábitos saudáveis da Palavra de Deus
explicados neste livro, você trará honra ao Senhor.
Portanto, dedico este livro ao nosso Pai celestial.*

Também dedico Hábitos saudáveis para o crescimento
espiritual *ao meu colega e jovem amigo David Sanford.
David, você tornou meus pensamentos claros,
compreensíveis, envolventes, cativantes, vivazes e
proveitosos. Que o Senhor o recompense abundantemente!*

Sumário

INTRODUÇÃO 9
COMO LER ESTE LIVRO 13

PARTE UM 15
Desfrutando da comunhão como filho de Deus
Hábitos saudáveis 1 a 13

PARTE DOIS 57
Cultivando a dependência como peregrino de Deus
Hábitos saudáveis 14 a 26

PARTE TRÊS 99
Praticando a obediência como servo de Deus
Hábitos saudáveis 27 a 39

PARTE QUATRO 141
Buscando a vitória como embaixador de Deus
Hábitos saudáveis 40 a 52

INDICAÇÃO DE LEITURAS 182
SOBRE O AUTOR 184
PLANO ANUAL DE LEITURA DA BÍBLIA 186

Introdução

Graças a Deus que Sua graça não é "justa". Alguns anos atrás, um dos meus sobrinhos (vou chamá-lo de Keneth) estava à beira da morte. Seu quadro de saúde indicava que ele estava com a Síndrome da Imunodeficiência Adquirida (AIDS). Durante uma reunião de família nas colinas do norte da Califórnia, EUA, Kenneth e eu saímos para uma curta caminhada. Ele parecia uma concha vazia, esforçando-se para respirar.

—Kenneth, você sabe que vai morrer qualquer dia desses, — eu disse. —Você tem a vida eterna? Seus pais estão em agonia. Eu preciso saber.

—Luis, sei que Deus me perdoou e eu vou para o Céu.

Durante vários anos, desde sua adolescência, Kenneth manteve práticas homossexuais. Mais do que isso, rebelou-se contra Deus e seus pais e vangloriava-se de seu estilo de vida.

—Kenneth, como você pode dizer isso? —, perguntei. Você se rebelou contra Deus, você fez pouco caso da Bíblia, você magoou sua família terrivelmente. E agora diz que tem a vida eterna, simples assim?

—Luis, quando o médico disse que eu tinha AIDS, percebi como eu havia sido tolo.

—Sabemos disso — disse sem rodeios, mas intencionalmente, porque Kenneth sabia muito bem o que Romanos 1 ensina. —Mas você realmente se arrependeu?

—Eu me arrependi e sei que Deus teve misericórdia de mim. Mas meu pai não vai acreditar em mim.

—Com toda razão —, eu disse. —Você se rebelou contra ele durante toda a sua vida. Você partiu o coração dele.

Kenneth me olhou diretamente nos olhos.

—Sei que o Senhor me perdoou.

—Você abriu seu coração para Jesus?

—Sim, Luis! Sim!

Enquanto nos abraçamos e oramos e conversamos um pouco mais, eu me convenci de que Jesus tinha perdoado toda a rebelião de Kenneth e o havia purificado de seu pecado. Alguns meses mais tarde, ele foi morar com o Senhor, aos 25 anos.

Meu sobrinho, como o ladrão arrependido na cruz, certamente não merecia a graça de Deus. Eu também não. Nenhum de nós a merece. É por isso que graça é graça — favor imerecido.

Às vezes acho difícil ser gentil e paciente com alguém que aberta, proposital e imprudentemente desobedeceu a uma ordem básica de Deus e, portanto, está sofrendo as consequências. Até Kenneth colocar um rosto humano na AIDS e no pecado homossexual, era com receio — nunca muito audivelmente — que eu dizia: "Deus ama os homossexuais".

Meu sobrinho me tornou mais sensível, e mais ousado, ao discutir o perdão de Deus com qualquer pessoa que tenha cometido um pecado gritante, seja ele qual for, se essa pessoa realmente se arrepender.

Mesmo assim, não é fácil. Nas igrejas em todo os Estados Unidos, entro na zona de perigo quando digo com convicção: "Deus ama os homossexuais. Amém?".

Não há muitos améns. Rostos inexpressivos gritam por meio do seu silêncio: "Isso não é justo!".

Nem a graça é.

Deus é como o dono da vinha que pagou o mesmo salário para os trabalhadores que trabalharam apenas uma hora como fez com aqueles que trabalharam durante o dia todo (MATEUS 20:1-16). "Estes últimos trabalharam apenas uma hora; contudo, os igualaste a nós, que suportamos a fadiga e o calor do dia", eles reclamaram. Você não reclamaria?

O proprietário respondeu: "Porventura, não me é lícito fazer o que quero do que é meu? Ou são maus os teus olhos porque eu sou bom?".

A graça de Deus é generosidade extraordinária, amor sem limites. Naqueles momentos agonizantes da Graça erguida a partir da Terra, os nossos pecados — todos eles — foram lavados pelo sangue de Jesus para que Deus pudesse nos redimir, adotar-nos e nos tornar Seus filhos.

Ao contrário do meu sobrinho e do ladrão na cruz, no entanto, a maioria de nós se vê como peregrinos aqui neste mundo. A não ser que Jesus volte logo, você e eu temos anos pela frente para descobrir o que significa ser filho de Deus.

Serão anos cultivando hábitos saudáveis ou anos semeando padrões destrutivos? Anos de crescente dependência e obediência ao Senhor ou anos de frustração e inutilidade?

Talvez você tenha recentemente confiado em Jesus Cristo para a salvação. Talvez tenha ido a Cristo mediante o testemunho de um amigo, em uma cruzada evangelística, lendo um livro evangelístico ou através de um programa evangelístico na televisão ou rádio. Seja qual for o caso, agora você deseja saber: Que diferença faz agora que sou cristão?

Ou talvez você seja cristão há algum tempo. Talvez tenha visto algumas mudanças em sua vida, mas ainda não experimentou a tremenda realidade que pode ser sua, graças ao Senhor.

Se você praticar os princípios descritos neste livro, estou convencido de que adquirirá uma nova apreciação por seu relacionamento com Deus. E, antes de virar a última página, você verá a poderosa diferença que o Senhor pode fazer em sua vida. Melhor ainda, os outros verão Deus agindo em você e através de você!

Creio que Deus quer abençoar sua vida e usá-lo para ser uma bênção para muitos outros. Aqui está minha oração: "...que

o nosso Deus vos torne dignos da sua vocação e cumpra com poder todo propósito de bondade e obra de fé, a fim de que o nome de nosso Senhor Jesus seja glorificado em vós, e vós, nele"
(2 TESSALONICENSES 1:11,12).

Como ler este livro

Haja o que houver, não leia este livro e depois, simplesmente, deixe-o de lado. Coloque-o em prática!

Depois de uma leitura inicial rápida (passando os olhos sobre as seções de aplicação no final de cada capítulo), recomece e leia este livro novamente — só que de forma mais lenta. Desta vez, tenha uma Bíblia, caderno e caneta à mão. Faça anotações sobre a aplicação de cada hábito. Sublinhe ou destaque quaisquer afirmações ou partes do livro que pareçam especialmente significativas para você. Revise este livro novamente em algumas semanas. Dê especial atenção às frases e partes destacadas ou sublinhadas na segunda vez. Use uma caneta de cor diferente para fazer anotações adicionais. Peça a Deus para ajudá-lo a cultivar cada um dos hábitos apresentados neste livro.

Assim, se *Hábitos saudáveis para o crescimento espiritual* for útil para você, por que não o recomendar a um amigo?

Você está pronto, então? Pronto para uma aventura para toda a vida? Pronto para começar a cultivar hábitos saudáveis a partir dos quais você colherá recompensas para toda a eternidade? Então, vamos começar!

Parte um

DESFRUTANDO DA COMUNHÃO COMO FILHO DE DEUS

Como filhos de Deus, você e eu temos o incrível privilégio de falar com Deus e ouvir o que Ele tem a nos dizer!

HÁBITO

1. Separando tempo para orar
2. Orando de acordo com a vontade de Deus
3. A oração que Deus responde
4. Orando com expectativa e gratidão
5. Conversando com Deus
6. Comunhão com Deus
7. Aceitando a autoridade da Bíblia
8. Reafirmando a autoridade da Bíblia
9. Vivendo a Palavra da Vida
10. Lendo o maná diário de Deus
11. Estudando a Bíblia sozinho
12. Memorizando a Palavra de Deus
13. Passagens das Escrituras que podem transformar a sua vida

Parte um

DESFRUTANDO DA COMUNHÃO COMO FILHO DE DEUS

Como filhos de Deus, você e eu temos o sagrado privilégio de todos os dias abrir a nossa vida àquele a nos criou.

	HÁBITO
1.	Separando tempo para orar.
2.	Orando de acordo com a vontade de Deus.
3.	A ora em que Deus responde.
4.	Orando com energia e persistência.
5.	Conversando com Deus.
6.	Comungando com Deus.
7.	Aprendendo a autoridade da Bíblia.
8.	Reconhecendo a obra do Filho de Deus.
9.	Vivendo a Palavra na vida.
10.	Lendo o maior dos livros.
11.	Estudando a Bíblia sozinho.
12.	Memorizando a Palavra de Deus.
13.	Passagens e escrituras que podem transformar a sua vida.

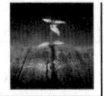

HÁBITO 1

Separando tempo para orar

Qual é a única coisa que, na maioria das vezes, impede os cristãos de experimentarem uma diferença dramática que Deus pode fazer em sua vida? Será descuido? Falta de boa comunhão cristã? Tentação?

Posso sugerir *falta de oração?*

Com que frequência você e eu recebemos respostas de oração? Muitos cristãos não fazem ideia do que significa ser um filho de Deus que pode falar com o Senhor sobre uma necessidade real, muito menos que pode receber uma resposta específica, válida e reconhecível para suas orações.

Eu poderia falar-lhe de promessas bíblicas sobre a oração, além de algumas das minhas próprias experiências e as de amigos, mas não posso fazer o seu tempo de oração por você. Você pode ler todos os manuais sobre oração e ouvir outras pessoas orarem, mas até que comece a orar, você nunca entenderá o que é a oração. É como andar de bicicleta ou nadar: você aprende fazendo.

Martinho Lutero disse: "Assim como o negócio do alfaiate é fazer roupas, e a do sapateiro consertar sapatos, assim o negócio do cristão é orar".

O segredo da vida revolucionária de Lutero era o seu compromisso de investir tempo a sós com Deus todos os dias.

"Considere a vida dos servos mais destacados e brilhantes de Deus", J. C. Ryle nos desafia, "estejam eles na Bíblia ou fora dela. Em todos eles, você descobrirá que eram homens de oração. Dependa da oração; a oração é poderosa".

Eu o encorajo a separar tempo todos os dias para falar com Deus. Não basta lhe dar apenas 30 segundos enquanto você está correndo de um lado para o outro de manhã: "Ó Senhor, abençoe este dia, especialmente porque é segunda-feira...". Que tipo de oração é essa?

É essencial, a cada dia, manter um tempo específico para oração pessoal. Esforce-se por ordem e fidelidade, mas evite o legalismo. Em certas ocasiões, você poderá precisar reservar um horário diferente durante o dia para orar. Nada de errado com isso. Mas se esforce por coerência.

Descobri que as primeiras horas do dia são as melhores para orar. Assim também, tais homens de Deus como Martinho Lutero, na Alemanha, John Wesley, na Inglaterra, Hudson Taylor, na China, e muitos outros. O evangelista D. L. Moody fez ecoar os sentimentos deles quando disse: "Devemos ver a face de Deus todas as manhãs antes de ver o rosto do homem. Se você tem tanta coisa para fazer que não tem tempo para orar, entenda que você tem mais coisas na mão do que Deus jamais pretendeu que tivesse". Separe tempo em sua agenda para começar todos os dias a sós com Deus em oração.

Por outro lado, a oração é algo que deve ocorrer durante o dia todo. A Bíblia diz: "Orai sem cessar" (1 TESSALONICENSES 5:17). A qualquer momento, qualquer que seja a ocasião, somos livres para falar com o nosso Pai. Albert J. Wollen diz que todos os cristãos podem desfrutar da "comunhão constante e consciente com Deus". Desfrutamos dessa comunhão com o Deus vivo, que vive dentro de nós, por meio da oração.

"Se Jesus orava, e você? E você?", pergunta o escritor do hino. É sempre surpreendente ver quanto tempo Jesus dedicava à oração. O Senhor nunca se considereva ocupado demais para orar. À medida que as obrigações aumentavam e enfrentava grandes decisões, Jesus se retirava para orar. E quanto a você?

Hábitos saudáveis *para* o CRESCIMENTO ESPIRITUAL

CONSIDERE

- Em que momento você ora ao seu Pai celestial? Como você descreveria suas orações?

PROSSIGA

- Tire um minuto agora para dizer a Deus: "Eu gostaria de desfrutar de um rico período de comunhão contigo — um momento muito rico, quero passar ainda mais tempo a cada dia sozinho contigo orando".

- Separe 15 minutos amanhã, quando puder ficar sozinho com o Senhor em oração. Mantenha esse compromisso. Então, amanhã, apresente-se alguns minutos mais cedo para o seu encontro com o Rei dos reis!

NOTAS

| HÁBITO **2**

Orando de acordo com a vontade de Deus

Qual a sua promessa bíblica favorita? É uma promessa para ter força? Coragem? Segurança?

Permita-me compartilhar com você uma das minhas promessas bíblicas favoritas: "E esta é a confiança que temos para com ele: que, se pedirmos alguma coisa segundo a sua vontade, ele nos ouve. E, se sabemos que ele nos ouve quanto ao que lhe pedimos, estamos certos de que obtemos os pedidos que lhe temos feito" (1 JOÃO 5:14,15).

Olhe para isso! Deus deixou registrado que qualquer coisa que pedirmos de acordo com a Sua vontade, Ele nos dará!

"Há apenas um problema, Luis", você diz. "Não conheço a vontade de Deus. Que bem essa promessa fará se posso apenas adivinhar a Sua vontade?"

Felizmente, Deus revelou muito de Sua vontade na Bíblia. Ao se tornar mais familiarizado com a Palavra de Deus, você aprenderá muitas coisas sobre a vontade dele para sua vida. A vontade do Senhor não está oculta; está revelada e escrita! Em vez de especular sobre a vontade soberana de Deus para o amanhã, deveríamos nos concentrar em obedecer à Sua vontade revelada hoje. Em 1 João 5:14,15, Deus promete que nos dará tudo o que pedirmos a fim de que possamos fazer a Sua vontade. Isso inclui a sabedoria de Deus (TIAGO 1:5) e a Sua força (ISAÍAS 40:29-31).

Se você não tem certeza de que um pedido de oração esteja de acordo com a vontade de Deus, pergunte a Ele; o Senhor pode lhe dizer. Não se preocupe em cometer erros quando orar. Você acha que a soberania de Deus será arruinada, porque um de Seus filhos comete um erro enquanto ora? Não é um erro maior ainda não orar?

Se a resposta ao seu pedido for "não", o Senhor logo comunicará essa resposta pelo testemunho do Espírito Santo em seu interior. Se você andar com Deus e tiver uma vida de oração consistente, então se desenvolverá uma sensibilidade entre você e seu Pai celestial.

Se Deus gentilmente disser "não" a um pedido que você fizer, então Ele tem coisa ainda melhor reservada para você. Jesus diz: "Ora, se vós, que sois maus, sabeis dar boas dádivas aos vossos filhos, quanto mais vosso Pai, que está nos céus, dará boas coisas aos que lhe pedirem?" (MATEUS 7:11). Se pedirmos uma pedra sem valor, Ele diz "não" e, em vez disso, nos dá pão nutritivo. Deus sempre nos dá o que é bom.

Começamos a sentir o entusiasmo, a alegria e a emoção da vida cristã somente quando reivindicamos as promessas de Deus através da oração.

Aqui estão algumas promessas que têm sido especialmente significativas para mim. Eu o encorajo a torná-las parte de sua vida.

- "Agrada-te do Senhor, e ele satisfará os desejos do teu coração" (SALMO 37:4).
- "O Senhor te guardará de todo mal; guardará a tua alma. O Senhor guardará a tua saída e a tua entrada, desde agora e para sempre" (SALMO 121:7,8).
- "Torre forte é o nome do Senhor, à qual o justo se acolhe e está seguro" (PROVÉRBIOS 18:10).
- "Se permanecerdes em mim, e as minhas palavras permanecerem em vós, pedireis o que quiserdes, e vos será feito" (JOÃO 15:7).

CONSIDERE

- Sendo um filho de Deus, qual é a vontade dele para você? Como você sabe? Quão comprometido você está em obedecê-la?

PROSSIGA

- Qual é a sua promessa bíblica favorita? Separe um minuto para revisá-la, em seguida, personalize-a e transforme-a em uma oração ao seu Pai celestial.

NOTAS

HÁBITO 3

A oração que Deus responde

Deus usou D. L. Moody, o grande evangelista do século 19, para ajudar a levar dois continentes ao arrependimento. Estima-se que ele viajou mais de um 1,6 milhão de quilômetros e pregou o evangelho de Jesus Cristo, que produz transformação de vida, para mais de 100 milhões de pessoas!

Quais características fizeram Moody se destacar como o homem de Deus para alcançar as massas na Europa e na América do Norte? Ele era um homem de fé. Ele era um homem de pureza. E ele era um homem de oração. Moody pediu a Deus que movesse as montanhas da incredulidade nas almas dos homens e mulheres, jovens e crianças — e Deus respondeu!

Moody dizia isto sobre a oração: "As orações de alguns homens precisam ser cortadas em ambas as extremidades e incendiadas no meio".

Suas orações estão em chamas? Elas são orações que chegam aos ouvidos de Deus? Elas movem o coração das pessoas?

Permita-me descrever, brevemente, o tipo de oração que Deus tem prazer em responder. Se você colocar estes princípios em seu coração, veja Deus ungir suas orações com fogo!

Primeiro, temos que *crer*. Você crê que Deus é capaz e está disposto a responder suas orações? "Tenho certeza de que Ele é capaz", você diz, "mas não tenho tanta certeza de que Ele está disposto". Em Hebreus 11:6 está escrito: "Sem fé é impossível agradar a Deus, porquanto é necessário que aquele que se aproxima de Deus creia que ele existe e que se torna galardoador dos que o buscam".

Falta de oração é um problema, mas um problema ainda mais grave é a incredulidade. Muitos cristãos não acreditam que Deus realmente concederá suas petições. Não é de admirar que suas orações careçam de fogo! A Bíblia ensina claramente que Deus responde às orações oferecidas a Ele com fé.

Segundo, devemos *pedir*. "Nada tendes, porque não pedis" (TIAGO 4:2). Você se lembra da história do cego em Marcos 10? Ele estava muito animado em encontrar Jesus. Quando se encontraram, Jesus lhe perguntou: "Que queres que eu te faça?". Jesus queria receber um pedido! Deus quer derramar Suas bênçãos se tão somente pedirmos.

O cego foi direto ao ponto: "Mestre, que eu torne a ver". Ele não fez rodeios, como costumamos fazer. Tentamos torcer o braço de Deus com as nossas petições e explicações longas e detalhadas. O que precisamos fazer é cortar os floreios e ir direto ao ponto. Isso coloca nossas orações em chamas.

Terceiro, devemos *confessar os pecados*. O salmista escreveu: "Se eu no coração contemplara a vaidade, o Senhor não me teria ouvido" (SALMO 66:18). O pecado apaga as chamas da oração. O pecado não confessado extingue mais orações do que imaginamos.

O rei Saul angustiou-se quando percebeu, no final de sua vida, que Deus não estava mais respondendo suas orações (1 SAMUEL 28:6). Ele tinha deixado o pecado não confessado construir um muro entre ele e Deus. Há alguma coisa entre você e Deus? Em caso afirmativo, confesse seus pecados e experimente a renovação de Deus em sua vida novamente.

Moody começava cada uma de suas cruzadas evangelísticas, encorajando o povo de Deus a orar. As chamas do avivamento que varreram várias cidades não foram acesas apenas por Moody. Elas foram iniciadas pelas orações de cristãos comuns que criam em

Deus, confessavam seus pecados e, então, ofereciam orações que o Senhor tinha prazer em responder.

CONSIDERE

- Você acha fácil ou difícil crer que Deus ouve e tem prazer em responder suas orações? Por que você acha que se sente assim?

PROSSIGA

- Você já teve orações respondidas? O que você pediu a Deus e como Ele respondeu? Separe um tempo para fazer uma breve lista de todas as respostas específicas de oração que você lembrar.

NOTAS

HÁBITO 4

Orando com expectativa e gratidão

Talvez você esteja se perguntando se vou falar sobre qualquer outro hábito saudável além daqueles relacionados à oração. Sim, eu vou! Mas sinto urgência em lhe mostrar a importância e a alegria de praticar a oração diária de forma consistente e eficaz.

Alguém disse certa vez: "Se eu quisesse humilhar alguém, perguntaria sobre suas orações. Não conheço nada que se compare a este tema por se tratar das tristes confissões de alguém".

A última coisa que pretendo é fazer alguém se sentir culpado por não orar. A culpa é o substituto amargo de Satanás para a ação na vida cristã. Em vez disso, Deus quer que você experimente a alegria em sua caminhada cristã diária. É por isso que as Escrituras nos encorajam a orar.

A Bíblia diz: "Perseverai na oração, vigiando com ações de graças" (COLOSSENSES 4:2). Devemos entregar os nossos pedidos com expectativa e gratidão. Perderemos a alegria de ver a nossa oração respondida se não atentarmos conscientemente para os sinais da intervenção de Deus.

Eu o encorajo a iniciar um caderno de oração como um meio de prestar atenção às respostas de Deus para as suas orações. Manter um caderno de oração sempre me motiva a orar com mais frequência e mais especificamente, bem como me ajuda a sentir a realidade de que sou um dos filhos de Deus.

Primeiro, escrevo meus pedidos em um caderno e registro a data que começo a fazer o pedido. Se houver um prazo para uma resposta em particular, registro isso também. Em seguida, na outra coluna, anoto quando o Senhor responde minhas orações e quais são as Suas respostas. É emocionante ver como Deus age! Meu caderno de oração é um monumento da constante fidelidade de meu Pai celestial. Quando me deparo com situações difíceis, posso refletir sobre a fidelidade de Deus, revendo como Ele agiu em minha vida no passado. Sem um caderno, eu esqueceria rapidamente das muitas respostas maravilhosas de Deus às minhas orações.

Para iniciar o seu próprio caderno, em oração, complete o exercício abaixo. Então, alegre-se enquanto vivencia a maneira pessoal com a qual Deus cuida de sua vida!

Exercite-se em oração

1. Pense numa área em sua vida na qual você realmente precisa de uma resposta de oração.
2. Escreva-a e coloque uma data. Desenvolva um caderno de oração.
3. Estude as seguintes passagens bíblicas sobre oração: Mateus 7:7-11; 18:19,20; Marcos 10:46-52; João 16:24; Romanos 8:26,27; Efésios 6:10-20; Tiago 5:16-18.
4. De forma simples e específica, diga ao Senhor o seu pedido.
5. Agradeça ao Senhor porque Ele responderá sua oração (FILIPENSES 4:6).
6. Registre quando a oração for respondida e louve a Deus por ela (COLOSSENSES 4:2).
7. Repita!

Como está sua vida de oração? Você não precisa fazer uma triste confissão. Em vez disso, entregue suas petições com esperança e gratidão. Use um caderno de oração para ajudá-lo. Em seguida, compartilhe suas bênçãos com outras pessoas. Seja um testemunho vivo de que Deus ainda responde à oração!

CONSIDERE

- Imagine que o telefone toca e alguém, fazendo uma pesquisa de opinião pública nacional, pergunta: "Você crê que Deus ainda responde orações hoje em dia? Em caso afirmativo, você acredita (A) um pouco? (B) frequentemente? (C) veementemente?". O que você diria?

PROSSIGA

- Se você ainda não tiver um caderno, compre um na primeira oportunidade. Depois, siga as instruções listadas acima para iniciar o seu próprio caderno de oração. E não se esqueça de agradecer a Deus por Suas respostas!

NOTAS

HÁBITO 5

Conversando com Deus

"Oração é a amizade com Deus", disse uma vez o Dr. James M. Houston. Creio que ele fez uma observação importante, pois a oração é simplesmente uma conversa entre dois amigos.

A oração é uma conversa entre Deus e nós, Seus filhos. Não é um monólogo unilateral de petições, mas um diálogo de mão dupla. Deus fala conosco através de Sua Palavra e do testemunho interior do Espírito Santo. Respondemos a Deus com adoração, confissão, petição, intercessão e ação de graças. Sem esses cinco elementos, nossas orações se tornam desequilibradas e desproporcionais. Vamos, de forma breve, considerar esses cinco aspectos da oração.

O primeiro elemento da verdadeira oração é *adoração*. Quando entramos na presença de Deus em oração, começamos expressando a nossa adoração e reverência por Ele. O *Talmude* nos dá esta máxima: "O homem deve sempre, antes de tudo, expressar plenos louvores, e depois orar". Encontramos os louvores das gerações passadas ao nosso Senhor registrados ao longo das páginas das Escrituras.

A *confissão* sucede o nosso louvor. Quando Isaías viu o Senhor em Sua glória, ele exclamou: "Ai de mim! Estou perdido! Porque sou homem de lábios impuros" (ISAÍAS 6:5). Não podemos louvar o Deus de santidade sem desenvolvermos um profundo senso de nossa própria impureza. A Bíblia também nos ensina que Deus graciosamente nos perdoa quando confessamos os nossos pecados (1 JOÃO 1:9).

Somente depois da adoração e confissão, entregamos nossas *petições* ao Pai. A verdadeira oração consiste nas petições daquele que reconhece a sua necessidade absoluta e as provisões daquele que demonstra a Sua completa bondade.

Jesus nos dá esta promessa: "Até agora nada tendes pedido em meu nome; pedi e recebereis, para que a vossa alegria seja completa" (JOÃO 16:24). Ele nos encoraja a pedir ao Pai aquilo que precisamos.

Quando oramos, devemos também incluir a *intercessão* por outras pessoas. Que ministério podemos ter no trono de graça em favor dos outros!

O profeta Samuel disse ao povo de Israel: "Longe de mim que eu peque contra o SENHOR, deixando de orar por vós" (1 SAMUEL 12:23). A intercessão pelos outros é uma responsabilidade espiritual importante que não devemos negligenciar como cristãos.

A *ação de graças* deve, naturalmente, preencher o restante de nossa conversa com Deus. Ouça estas exortações do apóstolo Paulo: "Regozijai-vos sempre; orai sem cessar; em tudo, dai graças, porque esta é a vontade de Deus em Cristo Jesus para convosco" (1 TESSALONICENSES 5:16-18). Vivenciamos a alegria de Deus quando falamos com Ele em oração e o agradecemos por Suas respostas.

O grande evangelista Charles Finney observou: "Quando Deus quer abençoar Seu povo, Ele primeiramente os move a orar". Ele os move a travar um belíssimo diálogo.

Deus o tem movido a orar? Vamos parar e falar com Ele agora mesmo.

CONSIDERE

- O que há em seu coração? Sobre o que você quer falar com Deus? Você se sente movido a adorá-lo? Você tem algo a confessar? Você tem uma petição específica?

PROSSIGA

- Tire um tempo, agora mesmo, para orar ao seu Pai celestial. Certifique-se de registrar quaisquer novas petições ou motivos de intercessão em seu caderno de oração.

NOTAS

HÁBITO 6

Comunhão com Deus

Alguns anos atrás, um médico na Inglaterra perguntou a uma cristã idosa:

—Se eu pedisse a Deus cinco libras, eu as receberia?

A idosa respondeu com uma pergunta:

—Se você fosse apresentado ao Príncipe de Gales, você lhe pediria dinheiro logo de imediato?

—Não, não até conhecê-lo, respondeu o médico.

—Bem — comentou a mulher — você precisará conhecer a Deus muito melhor antes que possa esperar que Ele responda a sua oração.

Alguém comentou sobre este incidente, observando: "Muitas pessoas supõem que podem pedir coisas a Deus apenas por conhecê-lo superficialmente". Isso não acontece com frequência?

Oração, como dissemos anteriormente, é simplesmente dois amigos conversando. A Bíblia é o lado de Deus da conversa. Quando leio as Escrituras, logo me vejo sussurrando uma petição. Quando oro, a Palavra de Deus me vem à mente. Quando escuto Sua Palavra, a minha alma se prostra em adoração.

O expositor bíblico W. Graham Scroggie escreveu: "Na Bíblia, Deus fala conosco, e na oração falamos com Deus". A Bíblia e a oração são fios entrelaçados que formam a corda íntima da comunhão entre Deus e nós mesmos.

Leia as grandes orações de Moisés, Neemias, Esdras e Daniel. Em suas petições, eles citam as palavras de Deus para Ele. Essa é a linguagem de oração que Deus se deleita em responder. Ao orar, deixe-o trazer as Escrituras à sua mente. Ore-as a Deus à medida que elas se aplicam a você.

Antes de investir tempo lendo e estudando a Bíblia todos os dias, ore para que Deus torne seu coração sensível à Sua Palavra. Martinho Lutero disse: "Ter orado bem é ter estudado bem". Não podemos ter um sem o outro.

George Müller teve comunhão com Deus como poucos homens na história jamais tiveram. Por meio dele, Deus cuidou de milhares de órfãos. Apesar das suas enormes responsabilidades financeiras, Müller nunca pediu a outras pessoas para ajudarem a atender suas necessidades. Pressões financeiras extremas somente o motivavam a passar mais tempo em conversa íntima com Deus.

Veja o que Müller disse sobre seus períodos de tempo a sós com Deus: "Começo a meditar sobre o Novo Testamento no início das manhãs... Invariavelmente, descobri que... depois de tantos minutos de meditação, minha alma é levada à confissão, ou à ação de graças, ou à intercessão, ou à petição. Assim, mesmo que você não consiga dizer que eu tenha me dedicado à oração, mas, sim, à meditação, no entanto, aconteceu que a meditação quase imediatamente se transformou em oração".

Enquanto a Palavra de Deus falava ao coração de Müller, ele naturalmente respondia a Deus em oração. Ele usufruía de íntima comunhão com o seu Senhor.

A comunicação é a chave para qualquer relacionamento. Nosso relacionamento com Deus cresce somente quando comunicamos nossa adoração, confissão, petição, intercessão e ação de graça a Ele por meio da oração, e à medida que ouvimos a Sua voz através do estudo diário da Sua Palavra.

Quanto você conhece Deus? Quão íntimo é o seu relacionamento com Ele? Müller ia a Deus, pedia-lhe cinco libras e sabia que seu Pai celestial, de alguma forma, supriria sua necessidade. Você poderia pedir a Deus tal coisa, ou você é apenas um conhecido dele?

CONSIDERE
- Como filho de Deus, quanto você conhece seu Pai celestial? Quão profundamente você deseja conhecê-lo?

PROSSIGA
- Durante o seu próximo tempo de oração, comece meditando sobre uma passagem das Escrituras. Em seguida, ore a Deus, ouvindo o que Ele está dizendo para você nessa passagem bíblica.

NOTAS

HÁBITO 7

Aceitando a autoridade da Bíblia

A autoridade das Escrituras é uma das questões mais antigas e mais discutidas da humanidade. É também uma das mais importantes para nós considerarmos hoje. As pessoas frequentemente provam sua condição espiritual através de sua atitude em relação à Bíblia.

Muitos anos atrás, tive a oportunidade de me encontrar com cerca de uma dúzia de ministros perto de uma cidade onde eu estava envolvido em uma cruzada. Dizer que fiquei chocado com a nossa discussão pode ser um pouco forte demais, mas certamente fiquei surpreso com as sérias diferenças de opinião que tínhamos com relação a algumas questões básicas. Pelo menos metade desses ministros não aceitava a Bíblia como comprovadamente a Palavra de Deus!

Muitos disseram acreditar que algumas passagens das Escrituras eram incorretas. Ainda mais surpreendente foi quando admitiram que, quando ficavam desconfortáveis com partes da Bíblia, eles racionalizavam essas partes como "não científica".

É de admirar que em certas partes do mundo a igreja cristã cambaleie? Quem quer ouvir ministros que não creem que a Bíblia é a Palavra de Deus? Onde está a autoridade deles? Como você estabelece o limite entre as passagens da Bíblia que são inspiradas por Deus e as que não são?

Quando ouço pessoas que professam ser cristãs questionando se a Bíblia é a Palavra de Deus, não consigo deixar de questionar se os cristãos de hoje adoram a um Deus muito pequeno. Afinal, se Deus é Deus, então Ele não poderia escrever um livro sem erros? Claro que sim, e Ele o fez!

Paulo pôde dizer a Timóteo de maneira confiante: "Tu, porém, permanece naquilo que aprendeste e de que foste inteirado, sabendo de quem o aprendeste e que, desde a infância, sabes as sagradas letras, que podem tornar-te sábio para a salvação pela fé em Cristo Jesus" (2 TIMÓTEO 3:14,15).

Por que Paulo pôde dizer isso? Porque toda a Escritura é inspirada por Deus; ela tem autoridade porque é a Palavra de Deus, não de homem. Pedro escreveu: "Porque não vos demos a conhecer o poder e a vinda de nosso Senhor Jesus Cristo seguindo fábulas engenhosamente inventadas, mas nós mesmos fomos testemunhas oculares da sua majestade" (2 PEDRO 1:16).

A Bíblia tem o selo de autenticidade. Nenhum outro livro tem esse selo divino de aprovação.

Arthur T. Pierson, um reconhecido expositor bíblico, explicou a singularidade da Bíblia desta forma: "De todos os oráculos humanos, embora autoconfiantes, nós, por fim, voltamo-nos à Palavra inspirada, onde, em vez de declarações ambíguas e não confiáveis, encontramos ensinamentos distintos e definitivos, que têm autoridade e são infalíveis". Podemos confiar na Palavra de Deus!

Se Deus não pudesse escrever um livro perfeito, então por que você ou eu confiaríamos em tal Deus para a nossa salvação? Não estou dizendo que crer na inspiração seja necessário para a salvação, mas estou dizendo que para experimentarmos autoridade, poder e comunhão com Deus em nossa caminhada cristã, devemos aceitar a Bíblia como Palavra de Deus.

Crer na plena autoridade das Escrituras é essencial para vivermos uma vida cristã autêntica e vitoriosa. Somente através de tal fé, podemos usufruir da alegria de sermos filhos de Deus.

Hábitos saudáveis *para o* CRESCIMENTO ESPIRITUAL

CONSIDERE

- Até agora, qual a sua visão da Bíblia? Você aceitou as Escrituras como tendo total autoridade, infalibilidade e sendo inspirada pelo Senhor? Por quê?

PROSSIGA

- Faça uma lista das razões pelas quais você crê (ou não) na autoridade das Escrituras. Se você tiver perguntas específicas sobre a infalibilidade ou inspiração da Bíblia, converse com seu pastor.

NOTAS

| HÁBITO **8**

Reafirmando a autoridade da Bíblia

Muitas pessoas hoje atacam a autoridade da Palavra de Deus. Elas jogam fora certas passagens e questionam muitas outras. Como devemos responder a tais ataques? Charles Spurgeon respondeu desta forma: "Defender a Palavra de Deus? Seria o mesmo que defender um leão". Ela não precisa de nenhuma defesa. Podemos confiantemente seguir os passos de homens e mulheres de Deus ao longo dos tempos em relação ao reconhecimento da autoridade da Bíblia.

O próprio Jesus Cristo reconheceu as Escrituras como a Palavra de Deus. Ele citou passagens do Antigo Testamento supostamente controversas ou "difíceis de crer" apenas para atestar a sua veracidade histórica. O Senhor referiu-se à história da criação (MATEUS 19:4-6; MARCOS 10:2-9; 13:19), Noé e o dilúvio (MATEUS 24:36-39; LUCAS 17:26,27), Ló e as cidades de Sodoma e Gomorra (MATEUS 10:15; LUCAS 10:12; 17:28-30).

Jesus referiu-se até mesmo ao relato do Antigo Testamento sobre Jonas (MATEUS 12:40,41; 16:4). Muitas pessoas hoje riem da história de Jonas e a veem como um conto de fadas ou história de ninar para criancinhas. Por quê? Porque, de acordo com o conhecimento que têm sobre a ciência, julgam ser impossível um grande peixe engolir um homem e depois vomitá-lo vivo de sua barriga após três dias.

Primeiramente, a Bíblia não diz que Jonas foi engolido por uma baleia, mas, sim, por um grande peixe (JONAS 1:17). Mais importante ainda, o relato histórico está registrado na Bíblia, e Jesus disse que aconteceu. Se Jesus acreditava nele, por que não deveríamos acreditar também?

A Bíblia diz claramente: "Toda a Escritura é inspirada por Deus" (2 TIMÓTEO 3:16). John R. W. Stott nos explica a importância dessa declaração desta maneira: "O significado, então, não é que Deus inspirou os escritos para dar-lhes o seu caráter especial, mas que o que foi escrito por homens foi inspirado por Deus. Ele falou através deles. Eles foram os Seus porta-vozes".

As próprias palavras das Escrituras são inspiradas por Deus. Alguém disse: "Você pode facilmente ter música sem letra". A inspiração se aplica a todas as partes da Bíblia e à Bíblia como um todo — não apenas aos "pensamentos" que ela transmite ao leitor.

Jesus disse: "Porque em verdade vos digo: até que o céu e a terra passem, nem um i ou um til jamais passará da Lei, até que tudo se cumpra" (MATEUS 5:18). Ele garante até mesmo as menores partes dela!

Os pais da Igreja Primitiva também afirmaram a autoridade da Bíblia. Agostinho declarou: "Vamos, portanto, submeter-nos e curvarmo-nos diante da autoridade das Sagradas Escrituras, que não podem errar nem enganar".

Por que devemos nos acovardar diante dos ataques de certos críticos da Bíblia? Como filhos de Deus, devemos nos submeter apenas a Ele e à Sua Palavra de autoridade. As Escrituras são o padrão pelo qual devemos medir todas as coisas.

CONSIDERE

- Você já ouviu alguém atacar a autoridade da Bíblia? Como você se sentiu em relação a esses ataques? Como você respondeu?
- Se as Escrituras são a Palavra de Deus, quais são as implicações?

PROSSIGA

- Em oração, assuma o compromisso de confiar em Deus através da Sua Palavra. Diga ao Senhor que você crerá de todo coração no que Ele disser e obedecerá de bom grado o que Ele ordenar.

NOTAS

HÁBITO 9

Vivendo a Palavra da Vida

Por que a Bíblia foi escrita? Para explicar as complexidades do governo humano? Para criticar certas teorias econômicas? Para nos ensinar as maravilhas da astronomia? O principal propósito da Bíblia não é nos dizer como está o Céu, mas como ir para o Céu. A maior mensagem da Bíblia é que Deus deseja transformar a vida de Seus filhos através da Sua Palavra, preparando-os para a eternidade com Ele na glória.

A Palavra de Deus tem poder para transformar indivíduos de pecadores condenados a crentes redimidos. Sei disso pessoalmente, porque um cavalheiro britânico chamado Frank Chandler me levou à fé salvadora em Jesus Cristo lendo para mim Romanos 10:9,10.

Eu tinha apenas 12 anos quando, sinceramente, entreguei minha vida a Cristo por meio da oração, mas, a partir daquele momento, soube que era um filho de Deus. Soube que iria para o Céu quando morresse. Cristo pagou pelos meus pecados através da Sua morte na cruz.

A conversão — a transformação de um indivíduo de pecador a filho de Deus — é impossível separada da Palavra de Deus. Os missionários levaram a Palavra salvadora de Deus à Argentina, onde cresci. Meu pai está no Céu por causa da obra deles. Minha avó está no Céu por causa da obra deles. Milhões de pessoas ao redor do mundo, inclusive eu, agradecem a Deus pelos missionários que levam a Palavra de Deus.

A Bíblia tem o poder de transformar qualquer pessoa, em qualquer lugar — proeminentes ou desconhecidos, ricos ou pobres, cultos ou analfabetos. Eu pessoalmente tive o privilégio de ver vários chefes de Estado chegando ao conhecimento de Cristo, incluindo o presidente de um determinado país da América do Sul.

Ele me disse: "Palau, sou militar. Fiz coisas que nunca poderia lhe contar. Se você soubesse quem eu realmente fui, você nunca diria que Deus me ama".

Respondi: "Não quero que você me conte. Seja o que for que tenha feito, Jesus Cristo veio para salvar e transformar homens e mulheres como você". Mesmo sendo um cavalheiro de alta posição e hierarquia militar, ele abaixou a cabeça e abriu seu coração para o Senhor Jesus ali mesmo em seu gabinete presidencial.

Mesmo perdendo seu cargo dois anos depois, durante uma revolução, esse presidente continuou com o Senhor. Mais tarde, ele disse: "Minha vida mudou desde o dia em que a entreguei a Cristo".

Vi a Palavra de Deus transformar a vida de muitas pessoas: o secretário nacional de um partido comunista... um zelador analfabeto... uma princesa na Grã-Bretanha... o primeiro-ministro de uma nação do Pacífico Sul... uma recordista da maratona da cidade de Nova Iorque... um ex-presidiário entregou a vida a Jesus Cristo "no ar" durante um programa de TV ao vivo... uma das atrizes mais famosas em El Salvador... um DJ na costa leste... uma cantora de casa noturna... um estudante do ensino médio que agora estuda no MIT... roqueiros punk na Polônia... a filha de um banqueiro, 16 anos, grávida sem estar casada... prefeitos de várias cidades... membros de gangues... espíritas... casais prestes a assinarem o pedido de divórcio... a esposa de um general... embaixadores... agnósticos... ateus... hindus... budistas... muçulmanos... e um grande número de "cristãos" nominais.

A Bíblia tem o poder de salvar e, em seguida, transformar qualquer pessoa, em qualquer lugar. Essa obra transformadora é conhecida como *santificação*. A Palavra de Deus nos liberta do pecado, nos purifica e nos torna santos em nossa caminhada diante de Deus.

O Senhor Jesus orou a Seu Pai no Jardim do Getsêmani: "Santifica-os na verdade; a tua palavra é a verdade" (JOÃO 17:17). Sua Palavra nos purifica (JOÃO 15:3).

Não é o suficiente saber que as Escrituras "podem tornar-te sábio para a salvação pela fé em Cristo Jesus" (2 TIMÓTEO 3:15). Paulo prossegue dizendo no versículo 16: "Toda a Escritura é inspirada por Deus *e é útil para o ensino, para a repreensão, para a correção, para a educação na justiça*" (ênfase adicionada).

A Palavra aponta imediatamente para as manchas do pecado no altar de nossa alma. Bíblias empoeiradas, no entanto, levam a vidas sujas.

CONSIDERE

- Que impacto as Escrituras têm em seu coração e em seu lar?
  De que forma sua vida seria diferente sem a Palavra de Deus?
- Quanto da Bíblia você já leu? Você sabia que, ao investir apenas 15 minutos por dia, você pode ler a Palavra de Deus de capa a capa, como qualquer outro livro, em um ano?

PROSSIGA

- Escolha uma boa Bíblia para ler, em uma versão que você entenda e respeite, que possa marcar ou sublinhar. Leia pelo menos um capítulo hoje e todos os dias.

Se você pretende comprar uma Bíblia nova, recomendamos a
Nova Versão Transformadora (Ed. Mundo Cristão, 2016).

HÁBITO 10

Lendo o maná diário de Deus

Uma das minhas lembranças mais remotas é a de sair da cama silenciosamente cedo de manhã para observar o meu pai ajoelhar-se, orar e ler a Bíblia antes de ir trabalhar. Aquilo me impressionava profundamente como criança. Todos os dias, meu pai lia um capítulo de Provérbios, já que o livro tem 31 capítulos e a maioria dos meses tem 31 dias. Eu mesmo ainda tento fazer isso todos os dias. Apesar de todos os meus outros estudos bíblicos e leituras, começo o dia com um capítulo de Provérbios. E aprendi a fazê-lo de joelhos.

Robert Murray McCheyne é outro homem de Deus, cujo amor pela Bíblia e devoção ao Senhor marcou minha vida e ministério. Nascido em 1813 em Edimburgo, Escócia, McCheyne morreu aos 29 anos de idade. No entanto, em sua breve vida, por causa de sua santidade, humildade e esforços devotados a salvar almas, ele deixou uma marca indelével na sociedade.

A necessidade de santidade pessoal diante de Deus impressionou tanto McCheyne que ele escreveu: "De acordo com sua santidade, assim será o seu sucesso... Um homem santo é uma arma incrível nas mãos de Deus".

Muitos fatores causam um impacto duradouro para o bem em uma comunidade ou nação. Mas a santidade entre o povo de Deus, particularmente entre a liderança, é fundamental. O pecado — a falta de santidade — entristece profundamente o Espírito Santo e dificulta a Sua obra. As Escrituras advertem: "Não entristeçais o Espírito de Deus" (EFÉSIOS 4:30) e "Não apagueis o Espírito" (1 TESSALONICENSES 5:19).

Por outro lado, as Escrituras nos exortam: "Enchei-vos do Espírito" (EFÉSIOS 5:18). Ser cheio do Espírito é uma ordem, um dever e um privilégio para o cristão. Ser cheio do Espírito significa andar em Sua luz e ser controlado pelo Senhor que habita em nós. Para fazer isso, devemos investir tempo todos os dias lendo e meditando na Bíblia, preenchendo nossa mente e coração com a Palavra de Deus, que é transformadora e inspirada (COLOSSENSES 3:16).

Para incentivar uma vida santa e cheia do Espírito entre a sua congregação, McCheyne desenvolveu e publicou um guia de leitura da Bíblia e exortou os crentes para lerem as Sagradas Escrituras "em toda a sua magnitude" — para seriamente conhecerem e obedecerem a Palavra de Deus.

E você? Você se disciplinou a ler a Bíblia todos os dias? Se ainda não, comece hoje! Como meu pai, comece com o livro de Provérbios, e depois leia sistematicamente toda a Bíblia a cada ano.

Por que deixar outro dia passar sem servir-se do seu maná de cada dia?

CONSIDERE

- Atualmente, você passa um tempo todos os dias lendo pelo menos um capítulo da Bíblia? Se não, com que frequência você lê a Palavra de Deus?
- Se você passasse um tempo diariamente com as Escrituras, que impacto ela poderia fazer em sua vida? Na vida de outras pessoas ao seu redor?

PROSSIGA

- Escolha um plano específico e realista para ler uma porção da Palavra de Deus todos os dias.
- Muitos guias de leitura bíblica estão disponíveis na internet para ajudá-lo a ler a Bíblia diariamente. Confira a nossa sugestão de plano anual de leitura bíblica na página 186.

NOTAS

HÁBITO 11

Estudando a Bíblia sozinho

Você gosta de estudar a Bíblia sozinho? Você está satisfeito com a sua capacidade de aplicar as verdades bíblicas à vida diária?

Os cristãos, algumas vezes, negligenciam o estudo da Palavra de Deus porque não têm um método simples e prático que faça o estudo da Bíblia tornar-se vivo para eles. Entretanto, como filhos de Deus, não podemos crescer e amadurecer espiritualmente a menos que nos alimentemos regularmente do Pão da Vida.

Um líder cristão disse: "Não consigo enfatizar suficientemente a importância e o valor do estudo da Bíblia... nestes dias de incertezas, quando homens e mulheres estão aptos para decidir questões do ponto de vista da conveniência em vez do ponto de vista dos princípios eternos estabelecidos pelo próprio Deus".

O estudo da Bíblia começa com a *observação*. Nossas observações sobre qualquer questão, incluindo a Bíblia, são dirigidas pela natureza do assunto a ser estudado. Observamos estrelas olhando para elas através de um telescópio noite após noite. Observamos o comportamento dos animais vendo-os por um longo período de tempo em seu habitat natural. Observamos a Bíblia, como faríamos com qualquer livro — lendo-a cuidadosa e frequentemente.

O renomado professor de conteúdo bíblico Dr. James M. Gray declarou: "Há apenas uma lei no estudo da Bíblia que é a leitura do Livro, e, quando você o tiver lido, leia-o novamente; em seguida, sente-se e leia-o novamente; depois, sente-se e leia-o mais uma vez, e aos poucos você passará a *conhecer* o Livro".

Leia de uma vez só o livro da Bíblia que você está estudando. O evangelho de João e 2 Coríntios são bons livros para se estudar primeiro. Adquira uma clara impressão do livro como um todo. Não considere os capítulos e divisões em versículos. Leia-o repetidamente, às vezes, usando várias traduções para melhor compreender sua mensagem. Faça perguntas de sondagem: Quem? O que? Quando? Onde? Por quê? Como?

Depois de observar o texto, segue-se a *interpretação*. Devemos nos precaver contra permitir que nossos pressupostos influenciem nossa interpretação. Ore por iluminação do Espírito, pois, sem ela, uma compreensão adequada é pura ilusão (1 JOÃO 2:20,27).

Examine o contexto da passagem que você está interpretando. Compare a passagem também com relatos paralelos e concordâncias.

Charles Spurgeon disse: "Hoje em dia ouvimos homens separarem uma simples frase das Escrituras, tirando-a de seu contexto, e bradar: 'Eureka! Eureka!', como se tivessem encontrado uma nova verdade; entretanto, não encontraram um diamante verdadeiro, mas um pedaço de vidro quebrado".

O melhor comentário bíblico é a própria Bíblia. Mas manuais e dicionários bíblicos e um bom atlas nos ajudam a entender melhor as terras bíblicas, os costumes e a história. Consulte-os quando necessário, tendo o cuidado de não gastar muito tempo lendo sobre a Bíblia sem nunca se voltar para a própria Palavra de Deus.

Por fim, o estudo da Palavra de Deus deve levar a *aplicação* dela para a sua vida. Só depois de ter feito isso é que seu comportamento mudará. Relacione a Bíblia a todas as áreas de sua vida — seus pontos fortes e fracos, atitudes e ações. O que ela diz a você como pai ou filho, marido ou esposa, amigo ou vizinho, empregado ou empregador?

Tiago nos diz: "Tornai-vos, pois, praticantes da palavra e não somente ouvintes, enganando-vos a vós mesmos" (TIAGO 1:22). Obedeça à Palavra meditando em oração sobre ela com o objetivo de entendê-la melhor e aplicá-la. Observação. Interpretação. Aplicação. Esses três passos simples são as chaves que abrem as portas para o emocionante estudo da Bíblia!

CONSIDERE

- Você tem um método simples e prático para estudar a Palavra de Deus? Que método você usa? Ele o ajuda a aplicar as verdades e ensinamentos bíblicos em sua vida?

PROSSIGA

- Não leia simplesmente as Escrituras. Depois de terminar a sua leitura bíblica, mastigue a Palavra de Deus e digira-a por alguns minutos. Pergunte e examine o seguinte: O que essa passagem ensina? O que ela significa? Como isso se aplica a mim?

NOTAS

HÁBITO 12

Memorizando a Palavra de Deus

Alerta: *Especialistas determinaram que a memorização das Escrituras pode ser perigosa para sua saúde espiritual.*

Dawson Trotman, fundador do *The Navigators*, certa vez perguntou a um jovem o quanto das Escrituras ele conhecia. O militar disse que tinha memorizado 1.500 versículos. Incrédulo, Trotman perguntou:

—Quer dizer que você poderia citar 1.500 versículos para mim agora mesmo?

—É isso mesmo, disse o jovem com orgulho evidente.

—Gostaria que você pudesse citar apenas cinco versículos — mas vivesse-os!, Trotman respondeu. Aquele jovem tinha apenas conhecimento intelectual das Escrituras, não as aplicava ao coração.

Muitos anos atrás, o padre da aldeia em Kalonovaka, Rússia, gostou muito de ver um rapaz de nariz arrebitado recitar as Escrituras com devoção apropriada. Ao oferecer vários incentivos, o padre conseguiu ensinar ao rapaz os quatro evangelhos, que ele, certo dia, recitou sem pausas na igreja.

Sessenta anos mais tarde, ele ainda gostava de recitar as Escrituras, mas em um contexto que teria horrorizado o velho sacerdote. O valoroso aluno que memorizou tanto da Bíblia era Nikita Khrushchev, ex-líder máximo da União Soviética!

John W. Alexander, ex-presidente da *Aliança Bíblica Universitária*, nos dá este aviso: "Há pouco mérito inerente ao mero processo de memorizar as Escrituras. Podem-se memorizar grandes porções e ser ateu. Satanás memorizou o suficiente para tentar Jesus".

Alexander continua, no entanto: "Memorizar é útil quando ansiamos que as Escrituras forneçam vigor a toda a nossa vida".

Alerta: *Especialistas também determinaram que a memorização das Escrituras pode melhorar significativamente a sua vitalidade espiritual.*

Qual a diferença entre a memorização superficial e a memorização benéfica das Escrituras? Creio que seja a *meditação em oração*. A memorização em si pode aguçar nossas capacidades intelectuais, mas é só isso. A memorização com vista à meditação nos ajuda a pensar direito em um mundo tortuoso.

A Bíblia diz: "...tudo o que é verdadeiro, tudo o que é respeitável, tudo o que é justo, tudo o que é puro, tudo o que é amável, tudo o que é de boa fama, se alguma virtude há e se algum louvor existe, seja isso o que ocupe o vosso pensamento" (FILIPENSES 4:8).

Como podemos pensar no que é puro, quando somos confrontados diariamente com a impureza? Através de meditar propositadamente na Palavra de Deus.

Não podemos ler a Bíblia durante o dia todo, mas podemos meditar sempre em passagens das Escrituras — se as tivermos memorizado. Pesquisas mostram que, depois de 24 horas, nós nos lembramos com precisão de 5% do que ouvimos, 15% do que lemos, 35% do que estudamos, mas 100% do que memorizamos.

Permita-me sugerir cinco dicas para memorizar as Escrituras. Creio que você as considerará úteis.

1. 1. Leia o versículo em voz alta pelo menos dez vezes.
2. Escreva-o em um cartão, pensando em cada palavra.
3. Pratique a citação (ela deverá ser fácil por ora).
4. Medite sobre ela durante todo o dia e a reveja nos dias subsequentes.

5. Compartilhe o versículo com outras pessoas enquanto conversam.

Eu o encorajo firmemente a começar a memorizar passagens das Escrituras e a meditar nelas. Mas deixe-me adverti-lo: ela pode mudar a sua vida!

CONSIDERE

- Quando a vida diminui o ritmo por um momento, no que você tende a pensar? Você luta contra pensamentos lascivos, preocupação, orgulho, inveja?
- Que diferença faria se você guardasse a Palavra de Deus em seu coração?

PROSSIGA

- Se você ainda não tiver um plano de memorização das Escrituras, siga imediatamente para o Hábito

NOTAS

HÁBITO 13

Passagens das Escrituras que podem transformar a sua vida

Se você não tem um plano de memorização das Escrituras estabelecido, comece com os versículos que listei abaixo. Memorizei e meditei sobre todas essas passagens, e elas fizeram uma diferença significativa em minha vida. Elas podem transformar a sua vida também!

Novo nascimento
1. Salvação: João 3:16
2. Nova vida: 2 Coríntios 5:17
3. Identidade como filho de Deus: 1 João 3:1,2
4. Deus habita em você: 1 Coríntios 6:19,20
5. Batizado em um Corpo: 1 Coríntios 12:13

Deus
6. Cristo como a Palavra: João 1:1,2
7. O Espírito de Deus: João 15:26
8. Conselheiro: João 14:16,17
9. Força de Deus: Efésios 6:10,11

Família
10. Esposas: Efésios 5:22
11. Maridos: Efésios 5:25
12. Filhos: Efésios 6:1-3

13. Pais: Efésios 6:4

Crescimento
14. Tentação: 1 Coríntios 10:13
15. Confissão e perdão: 1 João 1:9
16. Oração: João 14:13,14
17. Reunindo-se: Hebreus 10:24,25
18. Amando uns aos outros: João 13:34,35
19. Liberdade do legalismo: Colossenses 2:20-22

A Palavra de Deus
20. Autoridade: 2 Pedro 1:20,21
21. Propósito: 2 Timóteo 3:16,17
22. Para nossa pureza: Salmo 119:9-11

Vitória
23. Caminhar no Espírito: Gálatas 5:16-18
24. Dedicação e transformação: Romanos 12:1,2
25. Vitória através da cruz: Gálatas 2:20
26. O fruto do Espírito: Gálatas 5:22,23
27. A Grande Comissão: Mateus 28:18-20
28. Morte e ressurreição em Cristo: Romanos 6:3,4

O futuro
29. Condenação eterna: Apocalipse 21:8
30. Céu: João 14:1-3

Discipline-se a aprender um versículo ou passagem curta todas as semanas (memorize mais rápido se você quiser). *Marque cada versículo à medida que você o memorizar.*

Mas não pare por aí! Medite nesses versículos. Repita-os em sua mente, ocasionalmente, durante todo o dia. Continue a perguntar: *E daí? Que diferença isso deveria fazer em minha vida?*

Ore para que você seja capaz de esconder cada versículo não apenas em sua cabeça, mas também em seu coração para que Deus possa usá-lo a fim de mudar a sua vida (SALMO 119:11). Peça a Deus para ajudá-lo a ouvir o que Ele está querendo dizer a você através de Sua Palavra.

CONSIDERE

- Quantos versículos das Escrituras você sabe de cor? Quantos você pode citar agora mesmo de memória, sem qualquer revisão? Com um pouco de disciplina, quantos você poderia aprender nos próximos seis meses?

PROSSIGA

- Comece de forma modesta: (re)memorize João 3:16 esta semana em sua leitura bíblica, qualquer que seja a tradução. Na próxima semana, (re)aprenda 2 Coríntios 5:17. Comece o hábito de revisar versículos bíblicos que você já sabe. Então, a cada semana, guarde mais um versículo em seu coração.

NOTAS

Parte dois

CULTIVANDO A DEPENDÊNCIA COMO PEREGRINO DE DEUS

As provações e tentações que enfrentamos como peregrinos que passam por este mundo nos levam a confiar em Deus e em Sua Palavra ainda mais.

HÁBITO

14. Reivindicando as promessas de Deus para si mesmo
15. Reivindicando as promessas de Deus quando sofremos
16. Entendendo por que Deus permite o sofrimento
17. Mantendo uma perspectiva apropriada
18. Enfrentando a morte
19. Do outro lado da porta da morte
20. Razão para viver
21. Evitando a síndrome de Elias
22. Cultivando uma contrarrevolução sexual
23. Aprendendo sobre amor, casamento e sexo
24. Evitando a crise de meia-idade
25. Lutando contra o desemprego
26. Lidando com o pecado

HÁBITO 14

Reivindicando as promessas de Deus para si mesmo

Como você já leu e estudou, memorizou e meditou em várias passagens da Bíblia, que partes pareceram as mais difíceis de crer? Profecias? Porções históricas? Passagens doutrinárias? Ou as promessas de Deus?

Muitos cristãos têm o maior problema em crer nas promessas de Deus. Ó, elas soam muito bem e, às vezes, até nos animam. Mas nos perguntamos: *Elas são realmente verdadeiras?* Inconscientemente, pelo menos, questionamos se Deus cumpre ou não Suas promessas.

D. L. Moody confiantemente declarou: "Deus nunca fez uma promessa que fosse boa demais para ser verdade". Pense nisso!

No Antigo Testamento, lemos: "Nenhuma promessa falhou de todas as boas palavras que o Senhor falara à casa de Israel; tudo se cumpriu" (JOSUÉ 21:45; COMPARE COM 23:14,15). Salomão declarou mais tarde: "Bendito seja o Senhor, que deu repouso ao seu povo de Israel, segundo tudo o que prometera; nem uma só palavra falhou de todas as suas boas promessas, feitas por intermédio de Moisés, seu servo" (1 REIS 8:56).

Jamais alguma das promessas de Deus falhou! Os únicos absolutos que podemos proclamar são aqueles encontrados na Palavra de Deus. A Bíblia testifica de coisas além do que o homem sabe ou pode aprender à parte da revelação de Deus.

Muitas vezes, Deus declara por toda parte Sua Palavra fidedigna e concede a nós — Seus peregrinos que transitam por este mundo — "as suas preciosas e mui grandes promessas" (2 PEDRO 1:4). Algumas de Suas promessas foram feitas especificamente para um indivíduo (JOSUÉ 14:9), um grupo (DEUTERONÔMIO 15:18), ou uma nação (AGEU 1:13). Devemos ter cuidado para não reivindicar a esmo promessas destinadas a outras pessoas!

Muitas promessas do Antigo Testamento, felizmente, são repetidas no Novo Testamento e são nossas para reivindicarmos hoje. Deus prometeu a Josué: "Não te deixarei, nem te desampararei" (JOSUÉ 1:5). Em Hebreus 13:5, Deus transfere essa promessa a nós, como cristãos.

Charles Spurgeon afirmou: "Ó homem, eu te suplico, não trate as promessas de Deus como se fossem curiosidades para um museu; mas creia nelas e use-as". Nós nos apropriamos das promessas de Deus quando as aprendemos (através do estudo e memorização), vendo nossa necessidade delas (através da meditação), e por dar a Deus tempo para trabalhá-las em nossa experiência diária (através da aplicação).

J. I. Packer disse: "Deus ensina o crente a valorizar os dons que Ele promete fazendo-o esperar por esses dons e levando-o a orar persistentemente por eles, antes de os conceder".

Deus prometeu atender todas as nossas necessidades. Mas devemos pedir por Sua provisão. Cristo diz: "Pedi, e dar-se-vos-á; buscai e achareis; batei, e abrir-se-vos-á" (MATEUS 7:7).

Qualquer das promessas de Deus que podemos reivindicar em nome de Jesus está garantida e será realizada para nós por Deus para a Sua glória (JOÃO 14:13,14; 2 CORÍNTIOS 1:20).

Qual é a necessidade de seu coração hoje? O Senhor prometeu atender a essa necessidade! Basta levá-la para Ele de acordo com Sua Palavra.

Hábitos saudáveis *para o* CRESCIMENTO ESPIRITUAL

CONSIDERE

- Qual é uma das suas promessas favoritas da Bíblia? Por que é uma de suas favoritas? Como Deus tem usado essa promessa em sua vida?
- Qual sua maior necessidade no momento? Como Deus prometeu em Sua Palavra atender a essa necessidade? Em quais versículos?

PROSSIGA

- Escolha uma nova promessa de Deus para memorizar e meditar esta semana. Ou reveja uma favorita antiga que fale a respeito de uma necessidade atual.

NOTAS

HÁBITO 15

Reivindicando as promessas de Deus quando sofremos

Vários anos atrás, um submarino afundou, com toda a sua tripulação, na costa atlântica da América do Norte. Quando o submarino foi finalmente localizado, mergulhadores foram enviados para avaliar os danos e a possibilidade de resgatar os destroços. À medida que os mergulhadores se aproximavam do casco do submarino, surpreenderam-se ao ouvir o barulho de uma mensagem em código Morse. Era evidente que alguém realmente estava vivo dentro do submarino. A mensagem era uma pergunta com batida frenética contra as paredes do túmulo aquático: "Há esperança? Há esperança?".

Você e eu ponderamos essa mesma pergunta quando um problema ou tragédia em particular nos atinge. Quem, afinal, é totalmente isento da dor arrasadora de perder um ente querido, ou da frustração do desemprego, ou da angústia de um lar fragmentado, ou qualquer um de uma centena de outros problemas?

Sentimo-nos presos e submersos pelo peso de nossas circunstâncias e nos perguntamos: "Há esperança? Há realmente alguma esperança de superar este problema?".

Frequentemente, nos lembramos de Romanos 8:28 nesses momentos: "Sabemos que Deus age em todas as coisas para o bem daqueles que o amam, dos que foram chamados de acordo com o seu propósito" (NVI).

Vance Havner comentou: "Paulo não disse: 'Nós compreendemos como todas as coisas cooperam para o bem'; ele disse: '*Sabemos* que elas cooperam'". Essa promessa é uma âncora sólida quando as tempestades da vida batem fortemente contra nós.

O apóstolo Paulo havia reivindicado essa mesma promessa muitas vezes antes que ele escrevesse sua famosa carta aos Romanos. Como um dos peregrinos de Deus transitando por este mundo, ele sabia o que era sofrer dificuldades, perseguição, indiferença, traição, solidão, apedrejamentos, espancamentos, naufrágio, nudez, privação, falta de sono e forte pressão.

O que impediu Paulo de fracassar? Creio que foi a sua confiança absoluta no Deus que promete nos sustentar não importa o que acontecer. No final de sua vida, ele pôde dizer: "…porque sei em quem tenho crido e estou certo de que ele é poderoso para guardar o meu depósito até aquele Dia" (2 TIMÓTEO 1:12). O que Paulo confiou a Deus? Sua própria vida!

Lemos no Antigo Testamento: "…conservarás em perfeita paz aquele cujo propósito é firme; porque ele confia em ti" (ISAÍAS 26:3). Essa promessa se aplica a nós ainda hoje, como o Novo Testamento afirma repetidamente.

Você está enfrentando um problema difícil hoje? Comprometa-se novamente com o Senhor. Então, receba as palavras de Filipenses 4:6,7 para o seu coração: "Não andeis ansiosos de coisa alguma; em tudo, porém, sejam conhecidas, diante de Deus, as vossas petições, pela oração e pela súplica, com ações de graças. E a paz de Deus, que excede todo o entendimento, guardará o vosso coração e a vossa mente em Cristo Jesus".

Quando as tempestades da vida parecem ser devastadoras, Deus deseja que experimentemos Sua perfeita paz.

Ó Pai, eu te louvo porque entendes cada uma das
minhas tristezas e cada uma de minhas lágrimas.
Reconheço minha insuficiência para lidar com os

problemas da vida fiado apenas em minha própria força. De bom grado reconheço minha dependência de ti. Que a Tua graça abunde para atender minhas necessidades mais profundas. Sustenta-me enquanto espero em ti. Enche meu coração com Tua paz que excede todo o entendimento. Obrigado por Tua rica provisão para mim neste dia. Amém.

CONSIDERE

- Como você descreveria suas circunstâncias hoje?
- Pense em uma ocasião em que as tempestades da vida pareciam atingi-lo de forma intensa. Qual foi sua reação? Qual foi a resposta de Deus?

PROSSIGA

- Use a oração acima agora, em suas próprias palavras, para afirmar a sua dependência de Deus, sejam quais forem as circunstâncias.

NOTAS

HÁBITO 16

Entendendo por que Deus permite o sofrimento

Um filósofo parisiense certa vez comentou: "Deus está morto. Marx está morto. E eu mesmo não me sinto tão bem". Sua atitude ilustra o pessimismo desenfreado em nossa cultura contemporânea.

Se realmente existe um Deus, as pessoas se perguntam, *por que Ele permite tanto sofrimento no mundo?*

Muitos cristãos, honestamente, lutam contra essa mesma pergunta. Apenas voltando-se para a Bíblia, podemos começar a entender o problema do sofrimento nesta vida.

Basicamente, existem quatro tipos de sofrimento. O primeiro tipo é o que vem como resultado de desastres naturais, tais como um terremoto ou um furacão. O sofrimento que resulta desses desastres acontece tanto para justos como para os injustos (MATEUS 5:45).

Um segundo tipo de sofrimento pode ser chamado de desumanidade do homem para o homem. A guerra seria classificada como esse tipo de sofrimento. Por causa da ganância e orgulho da humanidade, as pessoas tentam ferir outras pessoas (TIAGO 4:1,2).

Um terceiro tipo de sofrimento é melhor observado na vida de Jó, no Antigo Testamento. Ele veio como resultado do ataque de Satanás sobre ele. Depois de receber permissão de Deus, Satanás entrou em cena e causou terrível sofrimento a Jó e sua família.

Um quarto tipo de sofrimento é o que vem como resultado de nossas ações errôneas. Por exemplo, se eu pular do telhado de meu escritório e cair e quebrar a perna, sofrerei porque não respeitei a lei da gravidade criada por Deus. Também sofremos quando desrespeitamos as leis *morais* do Senhor.

Muitos sofrimentos podem ser atribuídos às más escolhas que fazemos. Alguns, mas não todos, são permitidos por Deus como punição pelo pecado. Muitas vezes, porém, Deus simplesmente nos faz viver com as consequências de nossas ações (GÁLATAS 6:7,8).

Sempre que as pessoas transgridem as leis de Deus, outros são levados a sofrer também. Refiro-me à história de Acã em Josué 7. Quando cobiçou e pegou alguns dos despojos da batalha de Jericó, Acã fez com que isso custasse a vida de 36 homens na batalha contra Ai. É inevitável que outros sofram em consequência da desobediência de um indivíduo.

Como reagimos ao sofrimento — quer o inflijamos ou não a nós mesmos —, vai nos moldar ou nos arruinar como peregrinos cristãos. As circunstâncias tendem mais a revelar sobre nosso caráter do que moldá-lo. Mas, reagindo adequadamente às provações, podemos desenvolver a paciência e o caráter aprovado (ROMANOS 5:3,4).

Problemas, estresse, calamidade, ou a morte de um ente querido, muitas vezes nos levam a questionar onde há pecado em nossa vida (CF. 1 REIS 17:18). A dor finca a bandeira da verdade em um coração pesaroso. Mas devemos ser cautelosos para não deixar Satanás nos oprimir com culpa ou tristeza falsa e excessiva (2 CORÍNTIOS 2:7). A esposa de Jó lhe disse para amaldiçoar a Deus e morrer. Ele se recusou a desistir e permaneceu fiel ao Senhor. Observe que, no final, Deus restituiu a Jó tudo o que ele tinha antes e ainda mais (JÓ 42:10-17).

Em vez de olhar para as nossas circunstâncias, precisamos manter nossos olhos em Jesus Cristo, a fonte da vida. Ele nos conduzirá através de qualquer situação que enfrentarmos, e, como resultado, seremos cristãos mais fortes, mais capacitados para servi-lo por causa de nossas provações. Em um dia de pessimismo e sofrimento, podemos afirmar com o salmista: "O SENHOR está comigo; não temerei. Que me poderá fazer o homem?" (SALMO 118:6). O próprio Senhor, como o grande Sofredor, é o nosso conforto e esperança em tempos difíceis.

CONSIDERE

- Em que grau você experimentou o primeiro tipo de sofrimento descrito acima? O segundo? O terceiro? O quarto?
- Atualmente, você está passando por alguma provação? Que tipo de provação? Qual tem sido a sua reação até agora?

PROSSIGA

- Esta semana, memorize e medite no Salmo 118:6 e Hebreus 13:6, versículos que têm encorajado a mim e a muitos outros em momentos de provação.

NOTAS

HÁBITO 17

Mantendo uma perspectiva apropriada

Você sabia que uma única xícara de café contém umidade suficiente para cobrir todo o seu bairro com névoa de 15 metros de espessura? É incrível como uma pequena quantidade de água — espalhada tão levemente — pode dificultar a nossa visão quase completamente.

Temos a tendência de ficarmos aborrecidos quando a névoa dificulta nossa peregrinação, mas nos esquecemos de que o Sol ainda está brilhando lá em cima, dissipando-a. Por que ficamos aborrecidos? Porque falhamos em manter uma perspectiva apropriada.

O estadista britânico William Wilberforce certa vez comentou: "Os objetos da vida presente enchem os olhos humanos com uma falsa grandeza por causa de seu imediatismo". Problemas e preocupações frequentemente atuam como névoa para obscurecer nossa situação atual. Eles nos impedem de ver as coisas da perspectiva apropriada.

Os psicólogos dizem que 45% daquilo que nos preocupa é passado, e 45% é futuro. (30% diz respeito apenas a nossa saúde!) Apenas uma em cada dez coisas com as quais nos preocupamos acontecerá — e, geralmente, não podemos fazer nada a respeito de qualquer maneira.

Não é de se admirar que Jesus Cristo nos diga: "não vos inquieteis com o dia de amanhã, pois o amanhã trará os seus cuidados" (MATEUS 6:34). A Bíblia também diz: "Não andeis ansiosos de coisa alguma" (FILIPENSES 4:6). Nós nos preocupamos sempre que não conseguimos manter uma verdadeira perspectiva sobre nossas circunstâncias.

Às vezes, tratamos os problemas e provações como se estivéssemos em um comercial de televisão. Corremos por todos os lados pensando que temos de resolver tudo em 30 segundos. Quando não conseguimos, entramos em pânico.

Tentamos todas as opções que nos vêm à mente para superar nossos problemas e dificuldades. Quando nenhuma delas funciona, relutantemente nos voltamos a Deus como um último recurso.

Mas não há emergências no Céu. Deus está ciente de nossos problemas (ÊXODO 3:7; 1 PEDRO 5:7). Ele não nos criou para sermos autossuficientes a fim de atendermos às nossas necessidades. Ele nos criou para dependermos dele.

A. W. Tozer escreveu: "O homem que chega a uma crença correta sobre Deus é aliviado de dez mil problemas temporais, pois ele vê de imediato que esses problemas têm a ver com assuntos que, no máximo, não o podem preocupar por muito tempo".

Você enfrenta uma situação difícil, meu amigo? Seu caminho está coberto por uma densa névoa? Deus não permitiu que esta situação entrasse em sua vida para desencorajá-lo ou derrotá-lo. Todas as provações que você e eu enfrentamos são oportunidades para Deus demonstrar quem Ele é para nós — Aquele de quem sempre podemos depender, não importa o que acontecer.

O rei Ezequias viu Deus demonstrar o Seu cuidado para com ele de forma impressionante. Medite em Isaías 37 e liste as atitudes do rei Ezequias quando confrontado com um sério problema. Em seguida, compare sua lista com a minha abaixo.

1. Ezequias reconheceu que tinha um problema (37:1).
2. Ele procurou saber o que a Palavra de Deus dizia sobre o seu problema (37:2-7).

3. Ele não permitiu que coisa alguma distorcesse sua perspectiva (37:8-13).
4. Ele orou a Deus — primeiramente adorando-o, depois apresentando o seu pedido, e, finalmente, pedindo para que Deus fosse glorificado (37:14-20).

Use esses mesmos passos quando enfrentar uma dificuldade ou provação. Lembre-se: é na dificuldade que passamos a conhecer melhor o Senhor.

CONSIDERE
- Você tende a ter problemas com a preocupação?
- Com o que você tem se preocupado ultimamente? Saúde? Trabalho? Finanças? Casamento? Família? Igreja? Questões nacionais?

PROSSIGA
- Revise Isaías 37:1-20, fazendo breves notas na margem de sua Bíblia ou em seu caderno a respeito de como o rei Ezequias reagiu durante um momento de crise. Use esses mesmos passos em relação as suas próprias áreas de preocupação.

NOTAS

HÁBITO 18

Enfrentando a morte

Uma das provações mais difíceis que cada um de nós terá que enfrentar é a morte de um ente querido. É difícil manter as coisas em perspectiva quando a morte atinge nosso lar tão de perto, não é mesmo?

O homem moderno se esforça desesperadamente para prolongar a vida e superar o poder da morte. Os médicos usam meios extraordinários para manter doentes e moribundos vivos um pouco mais de tempo por intermédio de drogas fora do comum, transplantes de órgãos e maquinário sofisticado. Esse foi certamente o caso quando o meu sobrinho Kenneth estava morrendo de AIDS vários anos atrás. Mas a morte continua ceifando vidas, sem considerar idade, raça, classe social ou educação.

A morte continua a ser irônica, cruel e real. Ninguém escapa de seus dedos frios. Nosso encontro é certo. Dinheiro, fama e inteligência não podem nos isentar da morte; todos sucumbem.

Como, então, devemos reagir como crentes quando um amado parente cristão ou amigo morre?

Pouco antes de meu pai morrer, ele, de repente, sentou-se na cama e entoou um cântico sobre o Céu. Então, ele reclinou em seu travesseiro e disse: "Estou indo para estar com Jesus, o que é muito melhor".

Meu pai havia entregado sua vida a Jesus Cristo 9 anos antes e estava confiante que passaria a eternidade com o Senhor. Ele tinha 36 anos quando foi para a glória; eu tinha apenas 10 anos na época.

Ele morreu poucas horas antes de eu voltar para casa de uma temporada no internato. Não tinha como eu saber o que tinha acontecido quando desci do trem naquele dia e corri para casa. Mas, quando me aproximei de casa, pude ouvir o choro.

Meus parentes tentaram me interceptar enquanto eu passava pelo portão e subia para casa. Passei por eles e estava na porta antes mesmo de minha mãe saber que eu havia chegado. Lágrimas encheram meus olhos quando vi o corpo do meu pai deitado na minha frente.

Fiquei devastado com a morte dele. Meu mundo parecia abalado e confuso. Fiquei com raiva de tudo e de todos. *Não é justo*, eu pensei. *Por que meu pai não podia morrer na velhice como outros pais?*

Um missionário trouxe uma mensagem antes do enterro do meu pai na manhã seguinte. Foi só então que senti total certeza de que meu pai estava no Céu.

Ó, eu ainda sentia muita falta do meu pai. Eu ainda sentia as dores do luto. Mas descansei na esperança de que um dia, quando minha peregrinação terminar, vou vê-lo novamente.

O luto é um processo natural quando se enfrenta a morte de um ente querido. Ficamos tristes pela morte de outros crentes, mas não como aqueles que não têm esperança (1 TESSALONICENSES 4:13).

Jesus nos fornece estas palavras de conforto: "Não se turbe o vosso coração; credes em Deus, crede também em mim. Na casa de meu Pai há muitas moradas. Se assim não fora, eu vo-lo teria dito. Pois vou preparar-vos lugar. E, quando eu for e vos preparar lugar, voltarei e vos receberei para mim mesmo, para que, onde eu estou, estejais vós também" (JOÃO 14:1-3). Essa é a nossa bendita esperança como crentes!

Sim, o processo de luto é absolutamente normal para o nosso bem-estar emocional e físico. Mas, como cristãos, não temos que ser engolidos por essa tristeza, nem permitir que a raiva ou amargura crie raízes em nosso coração.

Podemos enfrentar a morte com esperança, percebendo que não é o fim. A morte é simplesmente a porta da Terra ao Céu.

CONSIDERE
- Alguém próximo a você morreu? Quem? Ele ou ela conhecia o Senhor? Como você reagiu a essa perda?

PROSSIGA
- Se você ainda estiver enlutado pela morte de um ente querido, separe alguns minutos para falar com o Senhor sobre a sua dor e reafirmar sua confiança nele.

NOTAS

HÁBITO 19

Do outro lado da porta da morte

A morte assombra a humanidade. Poetas, filósofos e outros escritores, ao longo dos tempos, têm procurado explicar, entender e lidar com ela.

Ernest Hemingway, o famoso escritor, era obcecado com a realidade da morte. Seu pai, um intelectual, tinha se suicidado enquanto Hemingway era jovem. Como resultado, Hemingway queria demonstrar a toda a humanidade que ele não temia nem a vida nem a morte. Ironicamente, quando ele tinha 71 anos, cometeu suicídio em um momento de raiva e fraqueza humana.

A Bíblia reconhece a inevitabilidade da morte física. Em Hebreus lemos: "Aos homens está ordenado morrerem" (9:27). Em certo sentido, todos são doentes terminais. A menos que Cristo retorne enquanto estivermos vivos, nossa peregrinação por este mundo terminará em morte.

O poeta Longfellow, de forma sucinta, observou: "O jovem pode morrer, e o idoso deve". A morte física é o inimigo mais teimoso e persistente da humanidade. Mas não é o inimigo mais perigoso.

A Bíblia faz uma distinção entre a morte física (que todos eventualmente enfrentam) e a morte espiritual (que todos inicialmente experimentam). Morte basicamente significa separação de algo ou alguém. Implica em solidão. Uma pessoa começa a vida separada de Deus e espiritualmente morta por causa de seu pecado.

Sartre, o famoso filósofo existencial francês, observou com precisão: "O homem está sozinho". Separado de um relacionamento pessoal com Deus e de um compromisso com Ele, todo ser humano está espiritualmente morto e muito sozinho.

A Bíblia também menciona a morte eterna ou "a segunda morte" (APOCALIPSE 20:14). Essa é uma separação de Deus eterna e irreversível. Qualquer um que se recusar a entregar a vida para Jesus Cristo durante a sua vida aqui na Terra experimentará essa morte eterna.

A morte física claramente *não* é o fim da nossa existência. A questão é onde você e eu passaremos a eternidade — no Céu ou inferno? Não há outra opção. A realidade da morte e do inferno deve motivar os cristãos a compartilharem o evangelho de Jesus Cristo com os não convertidos.

Cerca de 1/4 de milhão de pessoas morrem a cada dia em todo o mundo. A maioria passa para uma eternidade sem Cristo. A história, muitas vezes, registra suas últimas palavras agonizantes quando eles percebem que, ao rejeitar Cristo, estão sem esperança.

François Voltaire, o conhecido incrédulo francês, uma vez declarou: "Em vinte anos, o cristianismo não existirá mais. Uma única mão minha destruirá o edifício que precisou de 12 apóstolos para ser edificado". No entanto, quando ele enfrentou a morte, ele bradou: "Estou abandonado por Deus e pelos homens!". O médico de Voltaire expressou espanto com o tormento emocional que seu paciente experimentou antes de passar para a eternidade.

Em contraste, o grande evangelista John Wesley declarou em seu leito de morte: "O melhor de tudo é que Deus está comigo!". Ele terminou sua peregrinação satisfeito e contente por estar na presença de seu Senhor.

A morte não precisa assombrar a nós cristãos. Se entregarmos nossa vida a Jesus Cristo, temos um futuro glorioso que nos espera do outro lado da porta da morte.

CONSIDERE

- Se você descobrisse que tem apenas seis semanas de vida, ficaria com medo da ideia de morrer? Por quê?
- Se o Senhor não retornar primeiro, no fim de sua vida o que você deseja dizer como suas últimas palavras?

PARA PROSSEGUIR

- Peça ao Senhor para lhe dar graça para amar aqueles que não o conhecem ainda, e a coragem para lhes falar sobre o seu Salvador.

NOTAS

HÁBITO 20

Razão para viver

Em 2006, o suicídio era a 11.ª maior causa de morte nos Estados Unidos, sendo responsável por 33.300 mortes. Nesse mesmo ano, o suicídio foi a terceira principal causa de morte de jovens entre 15 e 25 anos. E, para cada morte por suicídio registrada, um número estimado de 12 a 25 pessoas tentaram o suicídio.

Vários anos atrás, um amigo do Ensino Médio de um dos meus filhos apontou uma arma para sua cabeça e atirou. Ele tinha 16 anos, filho de um médico rico e renomado. Ele não tinha mostrado quaisquer sinais incomuns de estresse. Mas um dia ele chegou em casa, vindo da escola, e começou a ligar para alguns de seus colegas para lhes dizer que se mataria.

"Os caras não acreditaram nele", meu filho me disse. "Eles pensaram que ele estava brincando". Uma hora mais tarde, esse jovem provou que eles estavam errados.

Um mito popular sobre o suicídio é que, se alguém falar em se matar, essa pessoa não vai realmente fazê-lo. O fato é que o suicida *fala* sobre isso, geralmente com até dez pessoas, antes de tentar tirar sua própria vida. Isso foi exatamente o que o amigo do meu filho fez.

Às vezes, as pessoas simplesmente escrevem um bilhete e, em seguida, se matam, mas a maioria delas fala sobre isso primeiro. Elas podem ter planos específicos para realizar o suicídio, mas no fundo o que desejam é serem resgatadas. Talvez por isso a maioria das tentativas de suicídio, embora séria, não seja fatal.

Infelizmente, porém, as taxas alarmantes de suicídios estão aumentando entre todas as classes e tipos de pessoas. Um estudo sobre suicídio revelou este fato surpreendente: os psiquiatras têm a maior taxa de suicídio de qualquer grupo de profissionais. E eles são aqueles que supostamente deveriam ajudar os desesperançados!

Muitas pessoas prontamente recorrem aos cristãos quando estão pensando em suicídio. Se um amigo ou conhecido der a entender que ele ou ela pode ser suicida, encontre-se com essa pessoa o mais cedo possível. Não se deixe enganar pelos mitos sobre o suicídio. Se o seu amigo disser que está pensando em se matar, leve-o a sério e aja rapidamente para levá-lo a alguém que possa ajudá-lo. Mantenha-o sob suas vistas, especialmente se ele tiver um plano específico para se matar (método, lugar, hora). Suicídio não é brincadeira.

Por que as pessoas tentam o suicídio? Há muitas razões: tentar chamar a atenção, o desejo de unir-se a um parente morto, raiva internalizada, perda do sentido da vida, saúde precária, solidão.

Considere isso como prioridade para alcançar e ajudar os outros em seu círculo de amigos e conhecidos *antes* que as provações e dificuldades da vida os assolem. Todos nós precisamos de um grupo forte e solidário de amigos.

Jesus Cristo veio para que todos tenham vida e a tenham em abundância (JOÃO 10:10). Vamos dizer aos que estão em silêncio, mas sérios à procura de significado e propósito a respeito dele — nossa razão para viver! Vamos mostrar àqueles que lutam com a alienação e solidão que alguém realmente se importa.

CONSIDERE

- Alguma vez você já pensou em dar fim à sua vida? Você falou sobre isso com um amigo próximo, ou manteve sua luta para si mesmo?

- Você conhece alguém em sua família, círculo de conhecidos ou comunidade que tentou tirar a própria vida? Houve algum sinal de aviso antes que ele ou ela tentasse cometer suicídio?

PROSSIGA
- Se você conhece alguém que parece estar perdendo o desejo de viver, ou se você conhece alguém que possa estar lutando com a tentação de acabar com a própria vida, entre em contato com essa pessoa hoje por telefone ou pessoalmente.
- Ore por ousadia para falar com essa pessoa sobre o Senhor.

NOTAS

HÁBITO 21

Evitando a síndrome de Elias

Uma mulher de 55 anos se jogou de seu apartamento no 14.º andar. Minutos antes de sua morte, ela viu um operário lavando as janelas de um prédio próximo. Ela o cumprimentou e sorriu, e ele sorriu e disse olá para ela. Quando ele virou as costas, ela pulou.

Ela tinha deixado um bilhete em uma escrivaninha muito limpa e arrumada: "Não posso aguentar mais um dia sequer dessa solidão. Meu telefone nunca toca! Nunca recebo cartas! Não tenho nenhum amigo!".

Outra mulher que vivia do outro lado do saguão disse aos repórteres: "Gostaria de ter sabido antes que ela se sentia tão sozinha. Eu mesma sou solitária".

Você e eu estamos cercados por pessoas solitárias.

Quem experimenta a solidão e o desespero? A pessoa que vive anonimamente em uma cidade cheia de gente. O estrangeiro. O rico e o miserável. O divorciado e o pai ou mãe solteira. O jovem. O executivo. O desempregado.

Ninguém está imune à solidão. Até mesmo homens e mulheres de Deus, às vezes, experimentam a solidão em sua peregrinação por este mundo.

Elias se destaca no Antigo Testamento como o mais dramático e vigoroso profeta de Deus. Ele orou e Deus cessou a chuva, desafiou um rei face a face, rogou ao Senhor e Ele enviou fogo do Céu, executou centenas de falsos profetas e com precisão previu o dia em que uma seca de três anos terminaria.

Entretanto, lemos no Novo Testamento: "Elias era homem semelhante a nós" (TIAGO 5:17). Ele também experimentou momentos de solidão e desespero.

Ao dar quatro passos errados, Elias se viu debaixo de uma árvore em total desespero (1 REIS 18:46-19:4). Primeiro, ele esgotou-se fisicamente. Depois, ficou emocionalmente abalado. Em terceiro, falhou em não se voltar para Deus espiritualmente. E em quarto, isolou-se socialmente.

No final, desmoronou debaixo de uma árvore em um lugar deserto e clamou: "Basta; toma agora, ó SENHOR, a minha alma. Desejo morrer".

Você já se sentiu completamente desencorajado — sem ninguém para encorajá-lo? Você já experimentou a síndrome de Elias?

Observe como Deus supriu cada uma das necessidades de Elias em seu tempo de crise. Fisicamente, Deus lhe deu alimento e sono. Emocionalmente, Deus fez Elias perceber a Sua presença e o encorajou. Espiritualmente, Deus o exortou a segui-lo mais uma vez. Socialmente, Deus falou a Elias sobre um grande número de homens e mulheres de Deus com quem ele podia ter comunhão e receber mais encorajamento.

Deus deseja atender às suas necessidades particulares também. Você não pode experimentar a vida cristã vitoriosa sozinho e por conta própria; é impossível. Experimentamos a vitória somente pelo poder de Cristo que vive em nós (GÁLATAS 2:20). Sua presença e poder são particularmente evidentes quando duas ou três pessoas de Seu povo se reúnem (MATEUS 18:20).

Use sua solidão ou desânimo como uma motivação para entregar-se novamente ao Senhor. Não fique sentado debaixo da árvore do desespero por mais tempo. Cristo prometeu estar sempre conosco (MATEUS 28:20). Ele quer ser nosso melhor Amigo. Você nunca mais terá que se sentir sozinho novamente.

Certifique-se de manter comunhão com o povo de Deus e pare de tentar enfrentar as batalhas diárias da vida sozinho (HEBREUS 10:25). Ore com os outros sobre as necessidades e preocupações mútuas. Experimente o agir de Deus no Corpo de Cristo. A vitória na vida cristã é um esforço conjunto!

CONSIDERE

- Você já experimentou a síndrome de Elias? Você recorreu a Deus? Em caso afirmativo, como Ele supriu sua necessidade? Você está ativamente envolvido em uma igreja local? Você pertence a um pequeno grupo de comunhão dentro de sua igreja?

PROSSIGA

- Em seu pequeno grupo, ou quando você estiver junto com um ou mais amigos cristãos, abra seu coração com respeito a uma área pessoal de necessidade. Juntos, orem por essa necessidade. E não se esqueça de informar posteriormente sobre como Deus respondeu as suas orações!

NOTAS

HÁBITO 22

Cultivando uma contrarrevolução sexual

"Meu marido está no exterior", uma mulher me disse. "Ele já está lá há nove meses e vai ficar fora por mais sete. Estou solitária e preciso de carinho e amor. Sou cristã, mas percebo que sou muito fraca. Como posso superar a tentação sexual?"

Como você aconselharia essa mulher?

O desejo por amor e carinho atinge a alma sobremaneira. A solidão também toca o coração humano profundamente. Ninguém a experimenta tão severamente como alguém que está separado do cônjuge por causa do serviço militar, trabalho, divórcio, invalidez ou morte. Desejos sexuais parecem aumentar quando um dos cônjuges está fora por algum período de tempo.

A Bíblia fala claramente sobre o sexo fora do casamento. Mas, às vezes, nossos desejos sexuais ficam em desacordo com as Escrituras.

A revolução sexual corajosamente proclamou que os imperativos bíblicos em relação ao sexo apenas dentro do casamento estavam desatualizados e inválidos. Os defensores da revolução sexual disseram que, se você estivesse só e precisasse de carinho, você tinha o *direito* de satisfazer essas necessidades por meio de um caso ilícito.

Talvez esteja certo cometer imoralidade em certas circunstâncias, as pessoas concluíram. Morar junto, sexo grupal, troca de cônjuge e outras experiências sexuais tornaram-se cada vez mais populares em certos círculos.

Mas agora, alguns defensores lamentam seus esforços para promover a revolução sexual. Um deles, George Leonard, admitiu: "O que aprendi é que não há jogo sem regra". As pessoas podem tentar quebrar as leis morais de Deus, mas elas sempre terão que arcar com as consequências.

Leonard citou uma pesquisa da revista *Cosmopolitan* em que 106 mil mulheres confirmaram que uma revolução nas atitudes e comportamentos sexuais aconteceu em ambos os lados do Atlântico. Mas como as mulheres se sentiram em relação à revolução? A maioria estava desapontada, até mesmo desiludida, com "o fruto emocional que a revolução sexual gerou". O relatório da pesquisa sugeriu claramente que "pode haver uma contrarrevolução sexual a caminho".

A Bíblia nos adverte claramente para não nos enganarmos, pois de Deus não se zomba. "O que o homem semear, isso também ceifará. O que semeia para a sua própria carne da carne colherá corrupção" (GÁLATAS 6:7,8).

A colheita destrutiva da promiscuidade sexual de nossa sociedade — AIDS e outras doenças sexualmente transmissíveis, cicatrizes emocionais, abandono e naufrágio espiritual — é um alto preço a ser pago pelos prazeres momentâneos de semear para a carne.

As Escrituras dizem para resistir à revolução sexual satânica sujeitando-se a Deus (TIAGO 4:7). Confesse seus pecados e se aproxime do Senhor. Persevere durante a tentação, lembrando-se de que, enquanto formos peregrinos aqui na Terra, Deus sempre proverá um meio de escape (1 CORÍNTIOS 10:13).

Seja qual for o seu estado civil, Deus entende suas tentações e necessidades específicas. Confie nele para suprir "cada uma de [suas] necessidades, segundo a sua riqueza em glória, em Cristo Jesus" (FILIPENSES 4:19). Não importa o que todas as outras pessoas estejam fazendo, guarde a Palavra eterna de Deus em seu coração. Na dependência de Deus, inicie sua própria contrarrevolução sexual hoje.

Hábitos saudáveis para o CRESCIMENTO ESPIRITUAL

CONSIDERE

- Você é solteiro, casado, viúvo, separado ou divorciado? Você é sexualmente ativo? Em que nível você está sendo tentado sexualmente? Como você está lidando com tal tentação?

PROSSIGA

- Confesse honestamente ao Senhor qualquer imoralidade sexual, pedindo humildemente por Seu perdão e purificação. Peça-lhe para mantê-lo puro neste mundo impuro.

NOTAS

HÁBITO 23

Aprendendo sobre amor, casamento e sexo

Eu tinha apenas 12 anos, mas já me via como um homem. Eram as férias escolares de verão e eu estava ajudando com os negócios da família. O trabalho era um refrigério para os exames que terminara de fazer.

Neste dia em particular, eu estava ajudando a entregar um carregamento de sacos de cimento. O motorista, um funcionário de 20 anos, parecia amigável e elevou meu ego enquanto trabalhávamos juntos.

"Luis", disse ele enquanto estacionava no acostamento da estrada, "já que você está se tornando um jovem e não tem pai, você precisa de alguém para falar com você sobre os fatos da vida".

Meu coração começou a pular. Eu fiquei animado em pensar que poderia obter algumas respostas diretas de alguém que realmente sabia o que estava fazendo. Mas, em vez de me dizer alguma coisa, o motorista do caminhão simplesmente abriu uma revista e virou as páginas enquanto eu olhava, sem acreditar, as fotos de homens e mulheres nus. Fiquei chocado e enojado.

Mais tarde, eu não conseguia tirar aquelas imagens da mente. Eu me senti pecaminoso, degradado, horrível e culpado. Pensamentos impuros invadiram minha mente. Eu já era curioso anteriormente, mas sempre resisti à tentação de folhear tais revistas. Agora, uma foi atirada em mim inesperadamente, e eu senti repulsa.

Só quando tinha 23 anos é que um homem falou comigo claramente a respeito do que a Bíblia diz sobre a sexualidade humana. Fiquei maravilhado com o quanto a Bíblia realmente fala sobre sexo.

Creio que seja um crime que, como peregrinos de Deus que caminham por este mundo, deixemos a educação sexual para outras pessoas e instituições que geralmente ensinam apenas os aspectos físicos de reprodução e anatomia. Precisamos entender e ensinar o que Deus diz sobre a essência plena do amor, casamento e sexo.

1. *A Bíblia ensina que Deus criou o sexo.* Deus fez Adão e Eva seres sexuais perfeitos (GÊNESIS 2:18-25). Somente após a queda do homem que Satanás tentou as pessoas a usarem o sexo de forma errada e a abusarem dessa dádiva.

Muitas vezes, os adultos comunicam aos seus filhos, através de um silêncio obstinado, que o sexo é de alguma forma ruim. Isso não é verdade! O sexo, em minha opinião, é uma das mais belas dádivas que Deus deu à humanidade.

2. *A Bíblia mostra que Deus criou o sexo para o prazer, bem como para a reprodução.* A Palavra de Deus exalta as alegrias do amor conjugal. Veja Cântico dos cânticos, por exemplo. As Escrituras, da mesma forma, falam dos filhos como bênção especial do Senhor (SALMO 127:3).

3. *A Bíblia apresenta o sexo como saudável e correto apenas dentro do casamento.* Hebreus afirma: "Digno de honra entre todos seja o matrimônio, bem como o leito sem mácula; porque Deus julgará os impuros e adúlteros" (13:4).

Apenas 6% dos jovens adultos interrogados na pesquisa indicaram que na idade de 21 anos, ainda estavam à espera do ideal de Deus — intimidade sexual apenas no casamento. A bela dádiva de Deus foi distorcida e banalizada.

Como eram os seus próprios pontos de vista sobre o amor, casamento e sexo? Eles são consistentes com o que a Bíblia ensina? Em uma época de desordenada imoralidade, precisamos estudar de forma pessoal e compreender o que Deus diz sobre a sexualidade saudável.

CONSIDERE

- Atualmente, você sente que tem uma compreensão clara e bíblica sobre o sexo? A que nível?
- Pense em como você aprendeu sobre sexualidade. Você tem experiências que o deixaram se sentindo impuro? Em caso afirmativo, o que você fez a respeito?

PROSSIGA

- Em João 13, lemos que Jesus lavou os pés dos Seus discípulos, limpando-os da impureza do mundo. Peça ao Senhor para purificá-lo de qualquer impureza que você tenha experimentado.

NOTAS

HÁBITO 24

Evitando a crise de meia-idade

As Escrituras sempre me impressionam como verdade para a vida. Jamais encobrem os fatos desagradáveis. A Bíblia ajuda cada um de nós a entender e a lidar com nossos problemas porque ela discute de forma franca os problemas daqueles que existiram antes de nós.

O rei Davi, por exemplo, começou bem com o Senhor. Ele serviu a Deus com zelo quando era jovem. Mesmo quando teve que fugir para se salvar mês após mês, ele permaneceu fiel aos mandamentos de Deus.

Mas, quando Davi atingiu a meia-idade, deparou-se com três perigos que o pegaram desprevenido (2 SAMUEL 11). Cada um de nós terá que enfrentar esses mesmos perigos em algum momento de nossa peregrinação por este mundo. Se falharmos em reagir adequadamente a eles, experimentaremos o que os psicólogos chamam de "crise de meia-idade".

Quais são esses perigos? O primeiro é *o perigo de se cansar*. Davi experimentou esse cansaço após anos de luta contra os inimigos de Israel. Em vez de atacar os amonitas com seu exército, como deveria ter feito, Davi decidiu ficar em casa em uma primavera e descansar em Jerusalém (2 SAMUEL 11:1).

O cansaço chega quando se está no mundo trabalhando por uns 10, 15 ou 20 anos. Talvez você esteja casado pelo mesmo tempo. A vida se torna uma rotina e o cansaço nos convence facilmente neste momento a "pegar leve para variar".

O segundo, com o cansaço vem *o perigo do descuido*. Ninguém acorda em uma manhã de segunda-feira e diz: "Ei, acho que vou destruir meu casamento hoje". Mas, com que frequência ouvimos sobre casais cristãos que se separam depois de 10 ou 20 anos de casamento. Por quê? Porque eles foram descuidados.

O terceiro, com o descuido vem *o perigo da confusão*. Davi falhou em seguir a bússola espiritual da Palavra de Deus e a orientação do Espírito Santo. Ele perguntou sobre uma determinada mulher e, antes que a noite terminasse, cometeu adultério (2 SAMUEL 11:3,4).

Quando você é jovem, sabe apenas onde quer estar quando atingir os 40 anos. Então você chega lá e se sente preso por suas responsabilidades, seu trabalho e seu casamento. O que você faz quando Satanás lhe oferece uma tentadora mudança de ritmo? Como você deveria reagir aos perigos da meia-idade?

Separe alguns minutos e leia 2 Timóteo. Nessa curta epístola, o apóstolo Paulo explica como evitar uma crise de meia-idade. "Timóteo", diz Paulo, "não desista. Persista. Evite as paixões da mocidade. Seja firme. Continue nas coisas que aprendeu. Cumpra o seu ministério".

Enquanto você lê 2 Timóteo, anote todas as maneiras de resistir às tentações de Satanás para relaxar e tornar-se descuidado espiritualmente. Observe também as imagens que Paulo usa para descrever essa firmeza: um soldado determinado, um atleta disciplinado, um lavrador que trabalha arduamente, um obreiro fiel, um lutador persistente, um corredor que nunca desiste.

Quando você enfrenta os perigos do cansaço, descuido e confusão — sendo você de meia-idade ou não — não ore por uma vida mais fácil. Em vez disso, ore para ser um homem ou mulher de Deus mais forte.

CONSIDERE
- Quantos anos você tem? Você já experimentou qualquer um dos perigos da meia-idade? Você se sente mais cansado, descuidado ou confuso neste momento em sua vida?

PROSSIGA
- Como sugerido acima, separe alguns minutos para ler 2 Timóteo. Sublinhe ou destaque todas as passagens que falam sobre permanecer fiel ao Senhor, apesar dos perigos da meia-idade.

NOTAS

HÁBITO 25

Lutando contra o desemprego

Você conhece alguém que esteja desempregado? Alguém em sua família? Um amigo? Ou talvez você mesmo tenha lutado contra o desemprego recentemente.

Lutei contra o desemprego enquanto sustentava minha mãe viúva e cinco irmãs mais novas na Argentina. Naqueles dias, fortes greves abalaram meu país de origem. Eu estava sem emprego, sem assistência, sem nada!

Sempre que o desemprego chega, ele gera problemas conjugais, financeiros e até mesmo de saúde. Ele também expõe, prematuramente, uma pessoa aos perigos geralmente associados à meia-idade: cansaço, descuido e confusão. Esses mesmos termos descrevem muitos dos que se encontram desempregados hoje.

O que um cristão comprometido deve fazer se estiver desempregado? Creio que a Bíblia nos dá vários princípios específicos que dizem respeito ao problema do desemprego.

Primeiro, aceite o seu desemprego, embora possa ser difícil, e confie em Deus para usá-lo para o bem. A Bíblia nos diz que "todas as coisas cooperam para o bem daqueles que amam a Deus, daqueles que são chamados segundo o seu propósito" (ROMANOS 8:28).

Segundo, planeje cuidadosamente como usar seu tempo extra da melhor maneira possível. Em Efésios 5:15,16, lemos: "Portanto, vede prudentemente como andais, não como néscios, e sim como sábios, remindo o tempo...".

Se você está desempregado, sugiro que você passe as duas primeiras horas do dia estudando a Bíblia e orando. Passe as próximas três ou quatro horas procurando, de forma séria e sistemática, por um emprego.

Terceiro, ministre a outras pessoas. Organize um estudo bíblico com outras pessoas que estejam desempregadas e orem juntos. Invista tempo discipulando recém-convertidos.

Individualmente ou em grupo, use suas tardes para trabalhar para sua igreja, ajudar os necessitados, visitar os idosos ou evangelizar ativamente em sua comunidade.

A Palavra de Deus diz: "E não nos cansemos de fazer o bem, porque a seu tempo ceifaremos, se não desfalecermos" (GÁLATAS 6:9). Creio que Deus compensará aqueles que se voluntariam para ajudar os outros, se eles o fizerem para a Sua glória.

Quarto, seja um bom administrador do seu tempo, energia e bens. Trabalhe em família para ver como você pode utilizar criativamente o que você já possui para atender algumas de suas necessidades, e até mesmo ajudar os outros.

Talvez você tenha algum terreno. Plante um jardim. Talvez você tenha certos talentos que poderiam ser usados para ganhar algum dinheiro. Use-os.

Em Mateus 6:33 lemos: "buscai, pois, em primeiro lugar, o seu reino e a sua justiça, e todas estas coisas vos serão acrescentadas". À medida que honramos a Deus em todas as áreas de nossa vida, podemos ter certeza de que Ele suprirá tudo o que precisamos.

Se o desemprego atingir sua casa, eu o desafio a buscar o reino de Deus e a Sua justiça. Aja de acordo com os princípios apresentados acima e confie em Deus para prover todas as suas necessidades.

CONSIDERE
- Você já ficou desempregado? Quando e por quanto tempo? Foi um tempo de luta espiritual, crescimento, ou ambos?

PROSSIGA
- Você tem um amigo cristão que está desempregado atualmente? Em caso afirmativo, convide esse amigo (e sua família) para uma refeição. Não se sinta obrigado a lhe falar sobre todos os princípios evidenciados acima. Mas ouça como seu amigo está se saindo e ofereça assistência prática, de acordo com suas possibilidades.

NOTAS

HÁBITO 26

Lidando com o pecado

Billy Staton escondeu dentro do bolso de sua camisa um gravador antes de pegar sua filha para um piquenique, planejando gravar a hostilidade de sua ex-esposa a respeito de seus direitos de visita. Em vez disso, Staton gravou seu próprio assassinato, chamado por um procurador de "vinte e três minutos de assassinato". Paul Wolf, 21 anos, foi acusado pela morte de Staton. A fita revelou, de forma conclusiva, que Wolf cometeu o homicídio. No entanto, ele alegou ser *inocente* do crime!

O advogado de Wolf explicou aos jurados que seu cliente era inocente porque ele estava "legalmente insano" no dia do assassinato. Ele explicou que Wolf tivera uma infância difícil, com sua mãe mentalmente doente e um pai muito agressivo, e que depois enfrentou uma série contínua de problemas de detenção depois de seu casamento com a ex-esposa de Staton.

O advogado explicou que Wolf não planejou o assassinato, mas foi *forçado* a matar Staton "no calor do momento, após o constante, longo e firme acúmulo de pressão".

Advogados como esse preenchem os registros dos tribunais dia após dia com desculpas para as ações de seus clientes. Contudo, não importa o que os tribunais decidam, esses homens e mulheres viverão com o seu pesado fardo de culpa.

Em nossa sociedade, alguns advogados e psicólogos tentam substituir responsabilidade pessoal e pecado por explicações, que parecem científicas, para as transgressões.

O que aconteceu com o pecado?

O. Hobart Mowrer, um famoso psicólogo declarou: "Durante várias décadas, nós, psicólogos, contemplamos toda a questão do pecado e da responsabilidade moral como um grande pesadelo, e aclamamos nossa libertação dele como um feito histórico. Mas, depois de muito tempo, descobrimos que ser 'livre' nesse sentido, ou seja, ter a desculpa de estar 'doente' em vez de ser pecador, é cortejar o perigo de também estar perdido".

Outro famoso psicólogo, Rex Julian Beaber, disse o seguinte: "A força do mal desapareceu da natureza; pecaminosidade não é mais o destino do homem. As novas 'ciências' da sociologia, psicologia e psiquiatria deixaram de lado conceitos como vontade, força de vontade, maldade e preguiça e as substituíram por repressão política e psicológica, mau condicionamento, interação familiar doentia e genes ruins. Uma a uma, as falhas humanas foram redesignadas como doenças".

Beaber contraria essa tendência moderna, afirmando: "Em última análise, *devemos* assumir a responsabilidade por nossas ações". O pecado deve ser redescoberto mais uma vez em nossa geração.

Se você arranhar sob a superfície, a maioria das pessoas carrega pesos de culpa que ninguém mais sabe. Escondemos essa culpa como um esqueleto no armário de nossa alma. Por conselho de nossos psiquiatras, negamos sua existência. Nós a minimizamos. Nós a reprimimos. Fazemos tudo, exceto admitir nossa falha. Ironicamente, até que façamos tal confissão, nosso armário cheio de culpa continuará a nos assombrar.

Rudyard Kipling disse muito bem: "Nada está resolvido até que esteja bem resolvido". Podemos apontar o dedo e dar desculpas, inventar argumentos e fazer qualquer outra coisa que quisermos, mas a chave para o armário tilinta em nossos bolsos até que resolvamos as questões corretamente.

Hábitos saudáveis *para o* CRESCIMENTO ESPIRITUAL

Provérbios diz: "O que encobre as suas transgressões jamais prosperará; mas o que as confessa e deixa alcançará misericórdia" (28:13). Em dias de abandono permissivo, pretexto, engano e de ser o que se bem entende, precisamos aprender o princípio fundamental de toda a saúde mental, social e espiritual. Precisamos aprender a confessar e abandonar nossos *pecados*, a fim de experimentar o perdão.

CONSIDERE
- Por que queremos tão frequentemente encobrir ou dar desculpas para nossos pecados, em vez de os admitirmos? O que acontece como resultado?

PROSSIGA
- Peça a Deus para revelar qualquer pecado não confessado e não abandonado em sua vida.

NOTAS

Parte três

PRATICANDO A OBEDIÊNCIA COMO SERVO DE DEUS

Embora anteriormente tenhamos andado nos caminhos do mundo, o Senhor Jesus agora nos convida a caminhar como Seus servos, em santidade de vida.

HÁBITO

27. Evitando as cascas de banana espirituais
28. Experimentando o perdão de Deus
29. Reconhecendo a comoção perpétua
30. Deixando a culpa para trás
31. Perdoando e esquecendo
32. Fazendo o que nosso Pai diz
33. As cercas de Deus para a liberdade
34. Encontrando Deus dentro de Suas cercas
35. Mantendo-se dentro dos limites
36. Namoro
37. Mais sobre namoro
38. Quando dois se tornam um
39. O plano de Deus para lares felizes

HÁBITO 27

Evitando as cascas de banana espirituais

Somente quatro capítulos da Bíblia permanecem em silêncio sobre o pecado e seus perigos — os dois primeiros e os dois últimos. Desde que Adão e Eva se viram nus debaixo da árvore do conhecimento do bem e do mal, o pecado tem sido o menor denominador comum em toda a raça humana.

O apóstolo João enfatisa isso claramente: "Se dissermos que não temos pecado nenhum, a nós mesmos nos enganamos, e a verdade não está em nós" (1 JOÃO 1:8). O pecado mais mortal é presumir que não temos pecado. Nenhum de nós está livre da possibilidade de cometer o mal. Até que desfrutemos do fruto da árvore da vida em glória algum dia, temos que admitir nossa vulnerabilidade.

O Dr. Howard Hendricks escreve: "Se você está dizendo que pecado algum nunca poderia pegá-lo, você está prestes a pisar em uma casca de banana espiritual".

Você e eu sabemos de líderes cristãos e leigos que "de repente" caíram em pecado. Tudo parecia estar indo bem para eles, mas um deixou sua esposa por outra mulher, ou um tentou suicídio, ou um se tornou alcoólatra.

Como isso acontece? O Dr. George Sweeting comenta: "O colapso na vida cristã raramente é um estouro — normalmente é um vazamento lento".

Nossa vida espiritual é perfurada e está em perigo de colapso sempre que perdemos de vista quem é Deus. Na medida em que não conhecemos a Deus, pecamos. O pecado é a declaração de independência do ser humano. O primeiro passo para longe de Deus está em deixar de apreciar quem Deus é e deixar de agradecer-lhe por Sua pessoa e obra em nossa vida.

A ingratidão e outras formas de desobediência — seja em ações, pensamentos ou desejos — produzem certos resultados. Quando pecamos, entristecemos o Espírito Santo. Satanás ganha um terreno seguro, nós perdemos nossa alegria em Cristo, separamo-nos de Deus e de outras pessoas, tornamo-nos pedras de tropeço para os crentes mais fracos e causamos sofrimentos e tristeza indizíveis.

Faça um inventário espiritual em sua própria vida. Considere o seguinte: *Quem é Deus aos meus olhos? Como é meu relacionamento com Ele? Com que frequência lhe agradeço?* Medite em passagens tais como Salmo 34, Salmo 63:1-8 e 1 Tessalonicenses 5:16-24. Determine maneiras de aplicar essas passagens em sua própria vida.

O que lhe vem à mente quando pensa sobre Deus como sendo o que há de mais importante em você? O que sai de seus lábios ao longo do dia indica se você vislumbra e aprecia, ou não, Sua soberania, Sua graça e os outros atributos da Sua divindade.

O Senhor está falando ao seu coração? Como é o seu relacionamento com Ele? Confesse a Deus qualquer pecado conhecido e decida que, através da Sua capacitação, você viverá em santidade. Fale dos louvores do Senhor que você ama e obedeça-lhe fielmente.

O colapso na vida cristã jamais deve acontecer!

CONSIDERE

- Quando você e eu estamos diante do maior perigo de pisar em uma casca de banana espiritual?
- Quando pecamos, o que acontece?

Hábitos saudáveis *para o* CRESCIMENTO ESPIRITUAL

PROSSIGA

- Silenciosamente confesse ao Senhor qualquer pecado conhecido. Agradeça-lhe por Seu perdão.

NOTAS

HÁBITO 28

Experimentando o perdão de Deus

Durante a Segunda Guerra Mundial, Hans Rookmaaker tornou-se ativo na resistência holandesa. Mais tarde, ele foi capturado pelos alemães e enviado a um campo de concentração nazista, onde começou a ler a Bíblia. À medida que estudava a Palavra de Deus, descobriu por si mesmo que no coração de Deus está o desejo de perdoar nossos pecados. Ele alegremente entregou sua vida a Cristo e regozijava-se, em suas recém-descobertas alegria e liberdade, em agradar e servir ao Senhor.

Quando Rookmaaker foi solto da prisão no final da guerra, ele imediatamente uniu-se a uma igreja. Mas, em vez de usufruir da comunhão com os livres, ele ficou surpreso ao descobrir que muitos cristãos ainda eram escravos do pecado. Eles não estavam experimentando o perdão de Deus.

Em contraste, um personagem em uma peça teatral de Voltaire morreu murmurando: "Deus perdoará — esse é Seu trabalho". O perdão não pode ser pressuposto assim, mas Deus nunca planejou que vivêssemos na escravidão do pecado.

A Bíblia ensina que a confissão é pré-requisito para o perdão de Deus, seja para a salvação inicial ou comunhão diária. Essa confissão envolve arrependimento e, quando necessário, restituição.

Confissão sem arrependimento constitui-se em fraude. Em Provérbios lemos: "O que encobre as suas transgressões jamais prosperará; mas o que as confessa e deixa alcançará misericórdia" (28:13).

A confissão, às vezes, envolve restituição (ÊXODO 22:1-15). Geralmente, esse é o aspecto esquecido da confissão. Mas, se o nosso pecado priva alguém de algo que era seu por direito (sejam bens, ou dinheiro, ou uma quantidade justa de trabalho), devemos não apenas pedir desculpas à pessoa ofendida, mas também procurar lhe restituir o mais rápido possível.

A beleza das Escrituras é a sua boa-nova de que Deus perdoa sem reservas aqueles que confessam seus pecados. Manassés foi um dos homens mais perversos como rei de Judá. Ele revogou as reformas de Ezequias e serviu a falsos deuses com mais zelo do que as nações que Deus havia destruído (2 CRÔNICAS 33:1-9). Mas, depois de ser capturado pelos assírios, Manassés se humilhou sobremaneira perante o Senhor — e Deus o perdoou!

Se Deus pôde perdoar um rei tão mau que se humilhou, com certeza Ele nos perdoará quando realmente confessarmos os nossos pecados e nos arrependermos. A confissão é humilhante, mas "se confessarmos os nossos pecados, ele é fiel e justo para nos perdoar os pecados e nos purificar de toda injustiça" (1 JOÃO 1:9). Aprenda esse versículo e declare-o — frequentemente.

Aqui está outro bom versículo para adicionar à sua lista de memorização das Escrituras: "de nenhum modo me lembrarei dos seus pecados e das suas iniquidades, para sempre" (HEBREUS 10:17). Como é maravilhoso que o Deus onisciente promete não só perdoar os nossos pecados, mas também esquecê-los para sempre!

CONSIDERE

- Por que é tão difícil acertar as coisas com os outros? Por que é tão libertador?

PROSSIGA

- Você precisa pedir perdão a alguém e restituir algo a essa pessoa? Escreva o nome dessa pessoa (ou pessoas) em seu caderno. Ao lado do nome, escreva uma data em que você visitará essa pessoa para acertar as coisas.

NOTAS

HÁBITO 29

Reconhecendo a comoção perpétua

Durante o século 17, o Marquês de Worchester foi encarcerado na Torre de Londres. Como era um cavalheiro inteligente, construiu uma engenhoca curiosa e pediu uma audiência com o rei.

Na presença do rei, ele exibiu sua invenção: uma roda de autogiro. Sua Majestade ficou tão impressionada que libertou o prisioneiro. Na época, mal sabia ele que o marquês tinha simplesmente *simulado* uma máquina de moto-contínuo [N.E.: Um moto-contínuo ou máquina de movimento perpétuo são tipos de maquinários hipotéticos que reutilizariam indefinidamente a energia produzida por seu próprio movimento.].

Durante pelo menos 1.500 anos, vários indivíduos tentaram projetar e construir o primeiro dispositivo sem energia do mundo que nunca pararia de se movimentar. Durante a idade de ouro do moto-contínuo na Inglaterra, por volta de 1850 até a virada do século, foram concedidas cerca de 600 patentes para tais dispositivos. As engenhocas certamente parecem impressionantes no papel, mas, quando construídas, simplesmente não funcionam!

Os contemporâneos adeptos da teoria do moto-contínuo se recusam a admitir que seja impossível quebrar as leis da termodinâmica. Sua "comoção perpétua" só tem êxito em reprojetar máquinas que foram consideradas um fracasso em gerações passadas.

Da mesma forma, homens e mulheres de hoje ignoram as claras declarações das Escrituras em suas tentativas de alcançar o impossível. Inutilmente, buscam obter a vida eterna e a graça de Deus através de suas boas ações. A salvação, no entanto, não é concedida pelo mérito de nossas realizações, mas pela expiação perfeita de Cristo pelos nossos pecados através da Sua morte na cruz. Somente quando entregamos nossa vida a Ele é que podemos receber a certeza de pecados perdoados e da vida eterna.

A salvação pelas obras é um tipo de comoção perpétua... jamais funcionará. Em Romanos 3:23 lemos que "todos pecaram e carecem da glória de Deus". Não importa o quanto tentemos, não podemos alcançar a medida do padrão perfeito que Deus requer antes que qualquer um de nós possa entrar em Sua presença. A salvação não pode ser alcançada com base no que fazemos, mas apenas com base na infinita misericórdia de Deus.

Uma mãe, certa vez, aproximou-se de Napoleão buscando perdão para seu filho. O imperador respondeu que o jovem tinha cometido certa ofensa duas vezes, e a justiça exigia a morte.

—Mas, não peço justiça —, explicou a mãe—. Imploro por misericórdia.

—Mas o seu filho não merece misericórdia —, Napoleão respondeu.

—Senhor, não seria misericórdia se ele a merecesse, e misericórdia é tudo o que peço —, a mulher clamou.

—Bem, então terei misericórdia —, disse o imperador.

E ele poupou a vida do filho da mulher.

Os cristãos não são aqueles que ganham o favor de Deus por sua bondade intrínseca; eles são apenas os destinatários da misericórdia de Deus. O Senhor nos salva, lemos em Tito 3:5, não por causa das obras de justiça que fazemos, mas por causa de Sua misericórdia. Felizmente, precisamos pedir apenas uma vez para receber gratuitamente o Seu dom da salvação.

Assim como a salvação não é *obtida* pelo que fazemos, também não é *mantida* por nossas boas obras como servos de Deus. Nossa salvação repousa sobre as seguras promessas do Senhor. O próprio Cristo registrou dizendo: "Em verdade, em verdade vos digo: quem ouve a minha palavra e crê naquele que me enviou tem a vida eterna, não entra em juízo, mas já passou da morte para a vida" (JOÃO 5:24).

Toda a comoção perpétua no mundo não pode salvar um indivíduo, não importa o quão engenhoso seus esforços possam parecer. E todo o alvoroço no inferno não pode mudar a certeza da salvação concedida por Deus, uma vez que a recebemos.

CONSIDERE

- De quem depende a sua salvação? Por quê?
- Você é salvo por ser servo de Deus, ou é servo de Deus porque é salvo?

PROSSIGA

- Levante-se, erga as mãos para o Senhor e lhe agradeça por Sua salvação. Em seguida, ajoelhe-se e se entregue a Deus como Seu servo obediente.

NOTAS

HÁBITO 30

Deixando a culpa para trás

Como cristãos, alegramo-nos porque a nossa salvação está garantida em Cristo e os nossos pecados estão lavados para sempre pelo Seu sangue. Ficamos maravilhados com a infinita misericórdia de Deus em nos perdoar, mesmo que não mereçamos. Mas, muitas vezes, não nos perdoamos!

Sim, sabemos que "quanto dista o Oriente do Ocidente, assim afasta de nós as nossas transgressões" (SALMO 103:12). Mas, do nascer ao pôr do sol, nós, desnecessariamente, carregamos o fardo pesado da culpa.

Por alguma razão, nos sentimos obrigados a carregar esses fardos pesados, mesmo que Deus nunca tenha nos pedido para levá-los. Exatamente o oposto! Então, como servos de Deus, precisamos aprender a deixar nossa culpa para trás.

Às vezes, nossa carga de culpa é nada mais do que falsa condenação. Quando eu era jovem, minha mãe acreditava plenamente que o chão do cinema se abriria e me derrubaria direto para o fogo do inferno se eu fosse assistir a um filme, independentemente de sua mensagem. Eu me sentia mal até mesmo de passar por um cinema. Bem, *aquilo* era falsa culpa!

Paul Tournier, um respeitado psicólogo suíço, disse: "Falsa culpa vem como resultado de julgamentos e sugestões de homens". As pessoas, algumas vezes, buscam nos controlar ou manipular, inventando regras ou regulamentos que a Bíblia nunca menciona. Como servos de Deus, não escravos de decretos humanos, precisamos identificar com cuidado e com oração essa falsa culpa e deixá-la para trás.

Em outras ocasiões, carregamos pesados fardos de culpa porque não lidamos com ela adequadamente. Há pelo menos três respostas inadequadas à verdadeira culpa.

Primeira, podemos *reprimir* nossa culpa. Tentamos encobri-la e negar sua existência. Nós nos concentramos em nossas falhas insignificantes em vez de reconhecer nossa verdadeira culpa. Como resultado, perdemos nossa paz e muitas vezes sofremos fisicamente também.

Segunda, podemos *lamentar* o nosso "erro". Mas simplesmente dizer "sinto muito" sem reconhecer a seriedade de nosso pecado e nossa responsabilidade.

Terceira, podemos sentir *remorso* por nosso pecado. "Nunca mais farei isso de novo", prometemos. Judas sentiu remorso depois de trair Cristo (MATEUS 27:3,4). Mas ele ficou aquém do que a Bíblia chama de arrependimento.

Arrependimento é a resposta bíblica correta à culpa. No momento em que entregamos nossa vida a Cristo, nossos pecados — passados, presentes e futuros — foram perdoados. A justiça de Deus foi satisfeita. Mas agora devemos manter comunhão, dependência e obediência a Deus. Isso requer confessar nossos pecados ao Senhor à medida que nos tornamos conscientes deles.

C. S. Lewis disse que a verdadeira culpa é um sistema de alarme interior que revela o pecado em nossa vida e mostra a nossa perda de comunhão com Deus. O Espírito Santo usa a culpa para nos motivar a deixarmos nosso pecado e nos voltarmos ao Senhor.

Assim que deixamos a falsa culpa para trás e lidamos adequadamente com nossos pecados, somos libertos do peso da culpa. Isaías 55:6,7 nos dá esta certeza: "Buscai ao SENHOR enquanto se pode achar, invocai-o enquanto está perto. Deixe o perverso o seu caminho, o iníquo, os seus pensamentos; converta-se ao SENHOR, que se compadecerá dele, e volte-se para o nosso Deus, porque é rico em perdoar".

Deixe de lado seus fardos e volte-se para Deus hoje!

CONSIDERE

- Existe alguma culpa não resolvida em sua vida? A respeito de quê? Que passos, se houve algum, você deu até agora para tentar resolvê-la?
- Em Mateus 11:29,30, Jesus afirma que Seus fardos não são pesados. Logo, não faz sentido você carregar uma carga de culpa. Por quê?

PROSSIGA

- Se você está lutando contra um vago sentimento de culpa, entregue-o ao Senhor.
- Peça a Deus para indicar qualquer pecado específico, não confessado em sua vida. Quando Ele o fizer, arrependa-se desse pecado, lembrando-se de que Deus perdoa e esquece graciosamente.

NOTAS

HÁBITO 31

Perdoando e esquecendo

Alguém já o ofendeu? Seu cônjuge já foi infiel a você? Seus filhos já o decepcionaram? Alguém já o enganou nos negócios? Como reagimos às experiências difíceis da vida afeta diretamente o nosso bem-estar espiritual.

Meu pai faleceu quando eu tinha apenas 10 anos. Ele nos deixou uma bela propriedade e algum dinheiro. Mas vários de seus irmãos desperdiçaram tudo o que tínhamos. Em três anos, minha família estava vivendo na pobreza e endividada.

Quando fiquei mais velho e realmente entendi o que os meus tios fizeram, insisti com minha mãe para se vingar deles, para contratar um advogado a fim de levá-los à justiça e processá-los. Quanto mais velho eu ficava mais amargurado me tornava.

Mas a Bíblia diz: "Não vos vingueis a vós mesmos, amados, mas dai lugar à ira, porque está escrito: A mim me pertence a vingança; eu é que retribuirei, diz o Senhor" (ROMANOS 12:19). Ele é o único que avalia apropriadamente a justiça, não nós.

Minha mãe sempre citou versículos como Romanos 12:19. Ela perdoou completamente meus tios pelo que tinham feito. Levou 20 anos para terminar de pagar as nossas dívidas, mas ela se recusou a ficar amargurada; ela esqueceu o que eles fizeram. Consequentemente, Deus deu a ela uma liberdade de espírito e oportunidades especiais para servir-lhe. Vivi essa mesma liberdade e frutificação anos mais tarde, quando eu, também, finalmente perdoei meus tios.

Quão profundamente você foi ferido? Você se tornou amargurado ou implacável em sua atitude?

Gostaria de lembrar-lhe da história de José. Quero encorajá-lo a ler o relato de sua vida em Gênesis 37–50. É uma emocionante porção das Escrituras! Essa narrativa nos mostra muitas lições valiosas sobre a importância de perdoar e esquecer.

A Bíblia nos dá várias razões pelas quais José poderia ter se tornado um homem muito amargurado. Seus irmãos o odiavam e o venderam como escravo. A esposa do seu senhor o acusou falsamente de um crime grave, e ele foi jogado na prisão. Um oficial do governo prometeu ajudá-lo, mas, em vez disso, deixou-o no cárcere. Apesar de todas essas coisas, José não permitiu que nenhuma raiz de amargura tomasse conta de sua vida (HEBREUS 12:15).

Muitas vidas são arruinadas pela amargura e falta de perdão. As pessoas passam por colapsos físicos e emocionais, porque elas se recusam a perdoar outras pessoas. Quanto mais tempo carregarmos um rancor, mais pesado ele se torna. Como servos de Deus, não podemos nos dar ao luxo de abrigar amargura em nossa alma, pois ela nos destruirá.

A Bíblia diz: "Suportai-vos uns aos outros, perdoai-vos mutuamente, caso alguém tenha motivo de queixa contra outrem. Assim como o Senhor vos perdoou, assim também perdoai vós" (COLOSSENSES 3:13).

Depois de ter a experiência de perdoar alguém, o esquecimento é essencial. José deu a seu filho primogênito o nome de Manassés, pois Deus o "fez esquecer de todos os [seus] trabalhos e de toda a casa de [seu] pai" (GÊNESIS 41:51). José não só perdoou seus irmãos, mas também esqueceu as maldades que eles tinham cometido contra ele.

Como José, não tenha ressentimentos contra Deus e as pessoas. Não tranque amargura e culpa dentro do armário de sua alma. Perdoe e esqueça. Esse é um hábito essencial para a saúde e crescimento espiritual.

CONSIDERE

- Se você se recusar a perdoar e a esquecer as ofensas dos outros, quem sofrerá as consequências?
- Em Mateus 6:14,15, Jesus ensina que o seu relacionamento com Deus é afetado diretamente cada vez que você escolhe perdoar ou não alguém. De que maneira?

PROSSIGA

- Separe cinco minutos para começar a ler a história de José, em Gênesis 37. Mais tarde, separe tempo para ler o restante dessa rápida narrativa. Enquanto você a lê, pense conscientemente naqueles que o magoaram e, em oração, peça que Deus o capacite para perdoá-los e esquecer suas ofensas.

NOTAS

HÁBITO 32

Fazendo o que nosso Pai diz

Mais de 90 pessoas realizaram uma busca durante toda a noite por Dominic DeCarlo, um menino de 8 anos perdido em uma encosta de montanha com neve. Dominic, que estava em uma viagem para esquiar com seu pai, aparentemente tinha subido em um novo teleférico e esquiou para fora da pista, sem perceber.

À medida que as horas passavam, o grupo de busca e a família do menino ficavam cada vez mais preocupados com a sua saúde e segurança. Ao amanhecer, eles não tinham encontrado nenhum vestígio do menino. Duas equipes de helicópteros se juntaram à busca e, no prazo de 15 minutos, avistaram marcas de esqui. Uma equipe terrestre seguiu as marcas, que se tornaram pequenas pegadas. Estas levaram a uma árvore, onde, enfim, encontraram o menino.

"Ele está em ótimo estado!", o Sargento Terry Silbaugh, o coordenador de área de busca e salvamento, anunciou à angustiada família e à imprensa. "Na verdade, ele está em melhor estado do que nós agora!" Uma porta-voz do hospital disse que o menino estava em boas condições, então ele não foi sequer hospitalizado.

Silbaugh explicou por que o menino saiu ileso, apesar de passar uma noite em condições de congelamento: seu pai havia tido diligência suficiente de orientar o menino sobre o que fazer se ele se perdesse, e Dominic tinha confiança suficiente em seu pai para fazer exatamente o que ele dissera. Dominic se protegeu de possíveis queimaduras de frio e hipotermia acomodando-se em uma árvore e cobrindo-se com galhos. Como criança, ele nunca teria pensado em fazer isso por conta própria. Ele estava simplesmente obedecendo a seu sábio e amoroso pai.

Dominic me lembra do que devemos fazer como servos, como peregrinos e como filhos do nosso amoroso e infinitamente sábio Pai celestial. Não devemos andar de acordo com o curso deste mundo, que é passageiro. Em vez disso, devemos andar em obediência aos mandamentos do Senhor. Afinal, Ele sabe o que é melhor para nós. Essa é uma das razões pelas quais creio que a Bíblia é tão relevante para nós hoje.

O apóstolo Pedro nos diz: "Como filhos da obediência, não vos amoldeis às paixões que tínheis anteriormente na vossa ignorância; pelo contrário, segundo é santo aquele que vos chamou, tornai-vos santos também vós mesmos em todo o vosso procedimento, porque escrito está: Sede santos, porque eu sou santo" (1 PEDRO 1:14-16).

Em Cristo, desfrutamos de uma *posição* santa diante de Deus. Em 2 Coríntios 5:21, descobrimos que "aquele que não conheceu pecado, ele o fez pecado por nós; para que, nele, fôssemos feitos justiça de Deus". Mas o nosso real *estado* aqui na Terra é, às vezes, uma história diferente.

Porque o nosso Pai é santo, e porque em Cristo temos uma posição santa, somos exortados nas Escrituras a sermos santos em tudo que fazemos. Todas as vezes que pecamos, estamos nos esquecendo de quem somos e por que estamos vivos. Estamos nos esquecendo do que é realmente melhor para nós. Sim, podemos encontrar perdão do Pai quando pecamos (1 JOÃO 2:1,2), mas o pecado não é para ser a marca registrada de nossa vida.

Em um mundo cheio de desvios enganosos e caminhos confusos, vamos confiar em nosso Pai e fazer exatamente o que Ele diz.

CONSIDERE

- Você crê que Deus sabe o que é melhor para você? Se você está hesitante em responder com um enfático "sim", escreva o motivo de sua hesitação?
- Qual é a marca registrada de sua vida? Que marca registrada você gostaria de exibir a partir de agora?

PROSSIGA

- Em um cartão 3x5 cm, escreva 1 Pedro 1:14-16. Leia esses versículos algumas vezes. Durante a próxima semana, memorize esses versículos-chave e medite neles. Então, coloque-os em prática!

NOTAS

HÁBITO 33

As cercas de Deus para a liberdade

Os mandamentos de Deus o motivam? Você gosta de estudá-los — e obedecê-los? Quando foi a última vez, por exemplo, que você contemplou os Dez Mandamentos com seriedade? Enquanto eu crescia na Argentina, os mandamentos de Deus, especialmente os Dez Mandamentos, foram ensinados de uma forma tão legalista que evitei qualquer estudo sério sobre eles antes de terminar meus estudos bíblicos de graduação nos Estados Unidos. Descobri, então, que pouquíssimo fora escrito sobre eles.

Nossa natureza pecaminosa nos leva a corromper o que é belo. Tornamos a lei moral de Deus, que o apóstolo Paulo chamou de "santa, justa e boa" (ROMANOS 7:12), em legalismo opressivo. Talvez seja por isso que franzimos a testa com a simples menção dos Dez Mandamentos.

"Eles me lembram da minha avó, que tinha um ataque se eu quisesse brincar lá fora aos domingos", uma pessoa afirmou.

"Pensar nos mandamentos me lembra de meu pai, que se recusava a ler o jornal de domingo", disse outra.

As palavras de Deus não deveriam suscitar tais reações. Vamos voltar à lei moral de Deus e abalar as cadeias de seres humanos sinceros, mas pecaminosos, que têm distorcido a beleza dos mandamentos de Deus.

Quando o Senhor deu a Israel os Dez Mandamentos, Ele disse: "Ouça, ó Israel! Eu o tirei da escravidão, não para criar outra escravidão para você, mas para libertá-lo. E se você permanecer dentro dos limites que estou prestes a lhe dar, então você estará livre. Você terá muito espaço de ação. Então, desfrute tudo o que lhe dei".

A declaração de Deus inclui uma advertência: "Contanto que você permaneça dentro da cerca, você estará livre, mas uma vez que tentar estender os limites ou pular a cerca, estará na escravidão mais uma vez".

Estou convencido de que essa é a maneira que Deus deseja que contemplemos Seus mandamentos. O apóstolo João nos lembra: "os seus mandamentos não são penosos" (1 JOÃO 5:3). Eles são vida!

Bem, obviamente, não devemos tentar viver de acordo com os Dez Mandamentos para obtermos nossa salvação. Somos todos pecadores (ROMANOS 3:23) necessitando do Salvador, Jesus Cristo (ROMANOS 5:8). Tanto a Bíblia quanto a experiência nos ensinam que não poderíamos cumprir os Dez Mandamentos perfeitamente, mesmo que tentássemos (ROMANOS 7:1-8:4).

A finalidade dos mandamentos de Deus não é proporcionar salvação, mas estabelecer um alicerce para nós — uma fundação sobre a qual construir uma vida de amor e obediência como servos do Senhor.

Passe algum tempo meditando sobre os mandamentos de Deus. Comece com os Dez Mandamentos em Êxodo 20:1-17. Ao estudar e orar, responda as perguntas a seguir. Primeiro: o que cada mandamento revela sobre o caráter de Deus? Segundo: do que cada mandamento me liberta? Terceiro: como cada mandamento me protege? Finalmente, se o amor é o cumprimento da Lei (GÁLATAS 5:14), então, o que cada um dos mandamentos revela sobre o amor?

Creio que depois que você responder a essas quatro perguntas, jamais olhará para os mandamentos de Deus com uma atitude negativa novamente. Ao olhar para eles com uma nova perspectiva, creio que descobrirá pelo menos quatro princípios que melhorarão sua compreensão do nosso infinitamente sábio e amoroso Pai celestial.

CONSIDERE

- Conte quantos dos Dez Mandamentos você lembra de cor. Três? Cinco? Quantos?
- No passado, quando pensava sobre os Dez Mandamentos, qual era a sua reação? De que maneira você reage a eles agora?

PROSSIGA

- Pegue sua Bíblia, caneta e papel. Separe alguns minutos para estudar Êxodo 20:1-17, respondendo as quatro perguntas listadas acima. Em seguida, avance para o Hábito 34.

NOTAS

HÁBITO 34

Encontrando Deus dentro de Suas cercas

No hábito anterior, consideramos como as pessoas muitas vezes transformam os mandamentos de Deus em legalismo opressivo quando a intenção de Deus era nos libertar!

Em meu estudo pessoal dos Dez Mandamentos, aprendi quatro princípios que reforçaram minha compreensão da sabedoria e amor infinitos de nosso Pai celestial.

1. *Os mandamentos de Deus revelam Seu caráter.* Para mim, o aspecto mais interessante dos Dez Mandamentos é o que eles revelam sobre o caráter de Deus. Veja como a lista do seu estudo do hábito anterior (Hábito 33) se assemelha a minha.

Adoramos a um Deus que é possessivo (ÊXODO 20:3); que é ciumento, de forma que Ele odeia a idolatria (20:4-6); que é santo e honroso, merecedor de respeito (20:7); que deseja que preservemos a santidade do culto e aprendamos a descansar nele (20:8-11); que quer proteger a família (20:12); que reverencia a vida (20:13); que deseja uma descendência piedosa, pureza sexual e pessoas santas (20:14); que se deleita em conceder dádivas e não em tirá-las (20:15); em quem se pode confiar 100% (20:16); que olha para a realidade interior de cada coração (20:17).

Em que nossas listas se assemelham? Os Dez Mandamentos não são um ponto de partida para começar um estudo sobre a santidade e o caráter de Deus?

2. *Os mandamentos de Deus garantem verdadeira libertação.* A sociedade contemporânea gera um enorme senso de escravidão. As pessoas falam constantemente sobre suas necessidades de fugir, de saírem por conta própria e serem livres. Acreditam que quebrar a lei moral de Deus é o caminho para a libertação. Ironicamente, tudo que elas experimentam é mais escravidão. Somente as leis morais de Deus garantem verdadeira libertação. Isso parece especialmente verdadeiro em relação ao namoro e ao relacionamento conjugal.

3. *Os mandamentos de Deus garantem proteção completa.* Depois de ler os Dez Mandamentos com cuidado, você consegue perceber como Deus os projetou para nos proteger social, política, econômica e fisicamente? E acima de tudo, enxerga como eles nos protegem espiritualmente de nosso adversário, o diabo, que não gostaria de nada mais do que nos destruir (1 PEDRO 5:8)?

Uma das maneiras que Satanás luta contra nós é nos tentando para pularmos por cima de uma das cercas de Deus. Mas, como servos do Senhor, podemos ter a vitória porque Cristo habita em nós (1 JOÃO 4:4).

4. *Os mandamentos de Deus revelam o verdadeiro amor.* Você leu os Dez Mandamentos para saber o que cada mandamento revela sobre o amor? Vamos comparar as listas novamente.

Revelo *o meu amor* pelo Pai concedendo-lhe Seu único e supremo lugar na minha vida (ÊXODO 20:3); não lhe atribuindo características que não são reveladas nas Escrituras (20:4-6); não entristecendo o Espírito Santo com uma língua indisciplinada (20:7); separando um dia por semana para honrar a Deus e ter comunhão com minha família e a família de Deus (20:8-11); honrando meus pais, que, em última análise, revelam o amor de Deus por nós em nossa idade mais avançada e Seu desejo de que tenhamos lares felizes (20:12); respeitando a vida e fazendo aos outros o que gostaríamos que fizessem a nós (20:13); não brincando com nossa sexualidade (20:14); alegrando-nos em sermos generosos para o Senhor (20:15);

sendo confiáveis e honrando a Deus em nossa fala (20:16); estando contentes, sendo santos e santificados através do poder do Espírito Santo que habita em nós (20:17).

Os mandamentos de Deus também revelam *Seu imenso amor por nós*. Visto que nunca poderíamos estar à altura de Sua glória e santidade, Ele nos concedeu um Salvador — Seu Filho, Jesus Cristo. Quando nos arrependemos, buscamos perdão e nos entregamos a Cristo, Ele vem habitar em nós. Assim, é somente pelo Seu poder que podemos viver em obediência a Ele e vivenciar Sua bênção em nossa vida.

CONSIDERE
- Para você, qual é o aspecto mais empolgante dos Dez Mandamentos de Deus?
- Suponha que, em um debate de estudo bíblico, alguém faça um comentário depreciativo sobre os Dez Mandamentos e depois pergunte como você se sente em relação a eles. O que você responderia?

PROSSIGA
- Na margem de sua Bíblia, na página de Êxodo 20:1-17, escreva: "Os mandamentos de Deus revelam Seu caráter e amor, e propiciam libertação e proteção".

NOTAS

HÁBITO 35

Mantendo-se dentro dos limites

A noção dos limites parecia antiga e irrelevante. Sarah se perguntou o que aconteceria se ela a cruzasse. Por fim, persuadida por seu namorado, Andy, ela ultrapassou os limites.

Várias semanas depois, Sarah, 16 anos, descobriu que estava grávida. "Nunca esquecerei o pânico", declarou. "Andy estava no Chipre, e eu estava em casa vivendo com meu pai... Simplesmente não sabia a quem recorrer".

Andy voltou do exterior, e os dois adolescentes se casaram. Mas os problemas de Sarah estavam longe de serem resolvidos. Solidão, pressões financeiras e arrependimento a assolam.

"Espero que Andy e eu fiquemos juntos; pois por ser soldado, ele fica longe com frequência, e fico entediada estando presa em casa durante o dia todo", confessou Sarah. "Assim, talvez um dia venhamos a nos separar. O problema é que você tem que se esforçar tanto para fazer o casamento dar certo, mas o divórcio é tão fácil".

O padrão de Deus em relação à pureza sexual antes do casamento parecia antiquado para Sarah. Ela não sabia que Deus tinha, sábia e amorosamente, estabelecido esse limite para sua própria proteção. Assim, ela sofreu as consequências por sua desobediência.

Quais são as consequências de ultrapassar os limites sexualmente, seja solteiro ou casado? Pergunte ao rei Davi. No Salmo 38, ele descreve os efeitos de seu pecado pessoal — talvez o de ter cometido adultério com Bate-Seba. Davi experimentou a agonia da disciplina espiritual (vv.1,2), tormento físico (vv.3-10), isolamento social (vv.11-16) e ansiedade emocional (vv.17-22). Um preço muito alto a ser pago por um momento de paixão descontrolada, você não concorda?

Os padrões de Deus para a pureza nos relacionamentos interpessoais estão longe de serem antiquados, mesmo que contradigam as normas culturais contemporâneas. A juventude de hoje diz que o sexo antes do casamento é aceitável. Uma pesquisa indica que 94% perdem sua virgindade até os 21 anos. Mas Deus diz: "Fugi da impureza. Qualquer outro pecado que uma pessoa cometer é fora do corpo; mas aquele que pratica a imoralidade peca contra o próprio corpo. Acaso, não sabeis que o vosso corpo é santuário do Espírito Santo, que está em vós, o qual tendes da parte de Deus, e que não sois de vós mesmos? Porque fostes comprados por preço. Agora, pois, glorificai a Deus no vosso corpo" (1 CORÍNTIOS 6:18-20).

Jovens cristãos lutam contra as mesmas tentações que seus semelhantes incrédulos enfrentam. O diabo frequentemente usa um namoro doentio entre cristão e incrédulo para fazer um crente tropeçar. O Senhor nos adverte: "Não vos ponhais em jugo desigual com os incrédulos; porquanto que sociedade pode haver entre a justiça e a iniquidade? Ou que comunhão, da luz com as trevas? Que harmonia, entre Cristo e o Maligno? Ou que união, do crente com o incrédulo? Que ligação há entre o santuário de Deus e os ídolos? Porque nós somos santuário do Deus vivente" (2 CORÍNTIOS 6:14-16).

Especialmente se você for solteiro, guarde esses versículos no coração. Como servo de Deus, comprometido a praticar a obediência em todas as áreas da vida, desenvolva convicções bíblicas para o namoro e relacionamento com pessoas do sexo oposto. Depois, usufrua da satisfação que vem de um relacionamento cristocêntrico, mantido dentro de Seus limites sábios e amorosos.

CONSIDERE

- Por que os mandamentos de Deus estão em desacordo com os padrões do mundo ao nosso redor?
- Do que você deveria se lembrar e o que você deveria fazer, como servo do Senhor, quando seus sentimentos se opõem aos mandamentos de Deus sobre a pureza sexual?

PROSSIGA

- Se você tem filhos que ainda não são casados, comece a fazer uma lista dos padrões bíblicos que você quer que eles sigam no namoro e casamento.
- Se você é solteiro, escreva sua própria lista de padrões para o namoro e casamento.

NOTAS

HÁBITO **36**

Namoro

Certo dia, a caminho de uma festa da minha classe, notei várias meninas. "Vocês estão indo para a festa?", perguntei. Todas disseram que sim, e, por alguma razão, perguntei a uma delas: "Posso caminhar com você até a festa?".
Ela disse: "Claro". Não era nada demais. Nem ficamos juntos na festa, mas comecei a ficar interessado por aquela jovem. Pat era divertida e falante. Ela parecia madura e inteligente, sabia como se vestir bem, e, conversando, descobri que ela era espiritualmente sensível.

Não sei o que Pat pensou sobre mim à primeira vista — ela ainda não me conta — mas comecei a procurar por ela no campus. Na verdade, minha janela dava para uma calçada que levava ao refeitório, e eu procurava vê-la todas as manhãs. Então, "simplesmente aconteceu" de eu sair pela porta quando ela estava passando.

Eu nunca havia me importado de estudar na biblioteca antes, mas, quando descobri que era lá que Pat costumava fazer seu dever de casa, lá eu também seria encontrado. Eu mantinha um olho no meu livro e outro nela. Pat finalmente entendeu que eu estava interessado nela, e nos víamos muito. No início, não havia nada sério entre nós, mas eu certamente esperava que houvesse!

Sou o primeiro a admitir que cometi erros enquanto namorei e noivei com Pat. Mas, deixe-me compartilhar algumas palavras-chave com você sobre minha experiência que o ajudarão (ou seus filhos solteiros) a desenvolver um relacionamento de qualidade com alguém do sexo oposto.

A primeira palavra é *amabilidade*. A amabilidade é um sinal de amor genuíno. Por amor, não quero dizer amor matrimonial, mas o tipo de amor que vem de Deus. Em 1 Coríntios 13:5, lemos que o amor não é grosseiro ou egoísta. Em vez disso, o amor doa a outra pessoa sem esperar obter nada em troca.

Alguém disse: "Os bons hábitos são feitos de pequenos sacrifícios". Gosto disso! O hábito da amabilidade consiste de pequenos e insignificantes sacrifícios que demonstram nosso interesse pela outra pessoa. Descubra o que a sua pessoa especial mais aprecia. Será que ela gosta de flores? Surpreenda-a com um pequeno buquê de suas flores favoritas. Demonstre consideração e respeito quando passam algum tempo juntos para conhecer um ao outro.

Outra palavra importante para lembrar é *diálogo*. Paulo nos diz em Colossenses 4:6: "A vossa palavra seja sempre cheia de graça". Nada é melhor para uma boa amizade do que diálogos positivos e edificantes. Ainda me lembro das muitas conversas que Pat e eu compartilhamos no ano anterior ao nosso casamento.

Muitas vezes, os relacionamentos entre um homem e uma mulher se concentram — até mesmo dependem — de atração física. Mas, como Salomão escreveu, há tempo de abraçar e tempo de afastar-se de abraçar (ECLESIASTES 3:5). Como servos de Deus, em vez disso, concentrem-se em aprender mais sobre os interesses um do outro, famílias, amigos, sonhos, prioridades, e caminhada com o Senhor. Façam muitas perguntas — *e escutem*! O melhor diálogo é aquele que você inicia com perguntas.

Se você estiver namorando ou em um noivado, fale com essa pessoa que lhe é especial sobre como tornar a amabilidade e o diálogo parte do seu relacionamento. No próximo hábito, quero compartilhar com você mais duas palavras-chave sobre namoro.

CONSIDERE

- Se você for casado, como você caracterizaria o período quando você namorou e foi noivo da pessoa que agora é o seu cônjuge? Que lições outras pessoas poderiam aprender com sua experiência?
- Se você é solteiro, que lições você pode aprender com a experiência dos outros?

PROSSIGA

- Revise os dois princípios discutidos acima e, em seguida, avance para Hábito 37.

NOTAS

HÁBITO 37

Mais sobre namoro

Faltavam apenas mais alguns dias para as férias de Natal, e eu estava ansioso para que elas chegassem. Estava ansioso para visitar amigos, mas, acima de tudo, estava cansado de estudar. Meus estudos no seminário naquele semestre tinham sido empolgantes, mas intensos.

Mas, em outro sentido, no fundo do meu coração, quase não queria que essas férias chegassem. Estava cada vez mais interessado em Pat e, quando soube que ela viajaria naqueles dias e faria algumas paradas, temi que uma dessas paradas pudesse ser para ver um antigo namorado.

Então, fiz com que Pat soubesse dos meus sentimentos por ela. Não foi nada dramático ou romântico — apenas meu estilo latino habitual e direto. Queria que Pat soubesse que ela era especial para mim, que me importava muito com ela e que esperava poder passar muito mais tempo juntos depois das férias.

Realmente senti falta dela no Natal e estava ansioso para voltar às aulas. O segundo semestre foi empolgante, apesar de minhas notas terem caído um pouco. Foi um pouco por causa de Pat, pois eu passava todo o tempo que podia com ela!

Duas palavras caracterizaram nosso relacionamento durante esse período de namoro. Uma é *conhecimento*. À medida que Pat e eu conversávamos e passávamos tempo juntos, tornei-me um especialista sobre ela. Comecei a descobrir não apenas o que ela pensava, mas também o motivo de se sentir do jeito que se sentia. É verdade que você pode amar alguém apenas até onde você o conhece.

"Apaixonar-se" por alguém à primeira vista pode parecer romântico, mas um relacionamento de amor verdadeiro não durará muito tempo se for baseado em primeiras impressões. Tenha cuidado para não desenvolver uma imagem idealista da outra pessoa com base nessas impressões, porque cedo ou tarde você se decepcionará. Honestidade e transparência são vitais desde o início. Cresça no amor à medida que você aprofundar sua compreensão e apreço pela outra pessoa.

A outra palavra que quero enfatizar é *espiritualidade*. A personalidade, inteligência e aparência atraente de Pat certamente chamaram minha atenção quando a vi pela primeira vez. À medida que passamos a conhecer melhor um ao outro, no entanto, descobri o seu profundo compromisso com Cristo e o desejo de seguir Sua vontade. Para mim, aquilo era muito importante. Enfim, soube que queria passar o resto da minha vida servindo ao Senhor ao lado de Pat.

Antes do banquete do Dia dos Namorados daquele ano, estávamos extraoficialmente noivos. Não a pedi em casamento exatamente. Na minha maneira típica romântica, enquanto caminhávamos juntos sob um guarda-chuva em Portland, perguntei se ela retornaria à América Latina comigo para servir ao Senhor lá. Ela sabia o que aquilo implicava. E eu sabia o que o seu "sim" significava também. Nós nos casamos alguns meses mais tarde.

Como servos de Deus, não devemos nos casar com alguém que é simplesmente um cristão (1 CORÍNTIOS 7:39), mas alguém que é um cristão *em crescimento*, alguém cuja vida é marcada pela espiritualidade.

Faça a si mesmo estas perguntas: "A pessoa que amo me desafia a me aproximar mais do Senhor? Ou percebo que ele ou ela, às vezes, impede meu crescimento espiritual?".

Decida diante de Deus namorar e casar somente com alguém com quem você possa servir ao Senhor por toda a vida. Nada poderia ser mais empolgante ou emocionante!

CONSIDERE

- Por que é tão fácil idealizar alguém que você ama? Essa imagem ideal aumenta seu amor por essa pessoa? Por quê?

PROSSIGA

- Se você é solteiro, revise sua lista de padrões para namoro e casamento, observando as alterações que deseja fazer. Desenvolva um relacionamento de prestação de contas com alguém em sua igreja, fazendo um pacto para manter os padrões de obediência ao Senhor.
- Se você tem filhos que ainda não são casados, volte para a lista de padrões que você quer que eles sigam para o namoro e casamento. Desenvolva um plano para ajudá-los a personalizar sua própria lista de padrões bíblicos.

NOTAS

HÁBITO 38

Quando dois se tornam um

Alguns casamentos podem ser gerados no Céu, mas a maioria dos detalhes tem que ser desenvolvidos aqui na Terra. Infelizmente, muitos casais entram no casamento com pouco ou nenhum pensamento sobre como tal relacionamento foi projetado para funcionar.

"Só me casei para sair de casa, para ter minha própria casa e ser independente", admitiu uma jovem chamada Jane. "Meus pais tentaram me convencer do contrário, mas você sempre acha que sabe mais".

Jane pensou que estava se separando de seus pais. Na realidade, seu casamento era apenas uma competição para provar que ela sabia mais. No entanto, ela não conseguiu desenvolver um vínculo estreito com seu marido, e "após seis meses eu sabia que tinha sido um erro — antes mesmo do meu bebê nascer". Pouco tempo depois, seu casamento acabou.

Os nomes mudam, as circunstâncias variam, mas a tragédia continua a mesma: muitos casamentos acabam em divórcio. Um conhecido líder cristão fez esta observação: "Todos os meus conselhos sobre problemas matrimoniais e familiares podem ser categorizados com base em três situações: fracasso em verdadeiramente deixar os pais, fracasso em permanecer fiel a um único parceiro, ou fracasso em desenvolver um relacionamento unificado".

Deixar. Permanecer fiel. Unificar. Moisés, o Senhor Jesus Cristo e, mais tarde, o apóstolo Paulo, todos usaram esses mesmos três conceitos para descrever como Deus projetou o casamento para dar certo. "Por isso, deixará o homem a seu pai e mãe [e unir-se-á a sua mulher], e, com sua mulher, serão os dois uma só carne" (MARCOS 10:7,8).

Casamento implica deixar os pais e unir-se ao nosso cônjuge. É uma união completa, íntima e exclusiva entre o marido e sua esposa. Mas isso não é tudo!

O casamento cristão é realmente um triângulo: um homem, uma mulher e Deus. Minha esposa, Pat, entregou sua vida a Cristo quando tinha 8 anos. Eu tinha 12 anos quando tomei a mesma decisão. Quando unimos nossas vidas, o fizemos na presença do Senhor. Ele é a terceira parte em nosso casamento. Ele é Aquele que nos mantém juntos e nos faz aproximar um do outro à medida que buscamos nos aproximar dele.

Deus criou o homem e a mulher para se complementarem no relacionamento conjugal — espiritual, intelectual, emocional, voluntária, social e fisicamente. A intimidade começa com a unidade espiritual em Cristo e, mais tarde, entrelaça um casal em todas as áreas da vida. Isso leva tempo e compromisso. Mas as recompensas de tal intimidade e unidade são fantásticas!

"Mas, Luis", você diz, "meu cônjuge e eu não estamos vivenciando essa unidade em nosso casamento. Na verdade, às vezes sinto que nem sequer nos conhecemos. Com frequência, discordamos um do outro ou simplesmente seguimos nossos caminhos separados. Definitivamente, não estamos servindo ao Senhor juntos. O que deveríamos fazer?".

Quando problemas conjugais vêm à tona, não se afaste de Deus. Em vez disso, como servo de Deus, corra *para* Ele. Vá a Cristo. Coloquem juntos, você e seu cônjuge, o problema aos pés do Senhor.

Sente-se com seu cônjuge em um lugar calmo. Abra sua Bíblia e procure uma passagem que seja adequada à sua situação; leiam-na juntos e falem sobre o que ela diz e como ela diz respeito a sua situação. Depois, juntos, conversem com Deus sobre ela. Ao fazer isso, você saberá mais sobre o seu cônjuge, e Deus lhe mostrará como dois podem se tornar um e crescer ainda mais a cada dia.

CONSIDERE
- Quais são algumas das razões básicas para o conflito conjugal e o divórcio?
- Leia Marcos 10:7,8. O que significa para um homem e uma mulher "deixar", permanecer fiel e unificar?

PROSSIGA
- Se você é casado, separe algum tempo a sós com o seu cônjuge para discutir estas questões: "Quão íntimos você diria que somos espiritual, intelectual, emocional, intencional, social e fisicamente?"
- Também pergunte: "Quais são algumas maneiras práticas pelas quais poderíamos começar a cultivar uma intimidade mais profunda em nosso casamento?"

NOTAS

HÁBITO 39

O plano de Deus para lares felizes

Nenhuma nação é mais forte do que seu lar. Um provérbio chinês diz: "Se houver harmonia no lar, haverá ordem na nação". A unidade familiar é a base fundamental sobre a qual a sociedade humana é construída. A fragmentação de nossas famílias, no entanto, será a destruição de nossa civilização.

Quatro atitudes predominantes atacam nossos lares de todos os lados. O *secularismo* defende: "Abrace todo prazer que puder, pois você só vive uma vez!" O *materialismo* diz: "Adquira mais, compre mais, construa mais!". O *sensualismo* une-se à imoralidade e à perversão nos bombardeando através da mídia. O *humanismo* secular conclui: "Glória ao homem nas alturas — fora com a divindade".

Não importa o que essas filosofias alegam, elas conseguiram apenas corroer a unidade familiar. Por quê? Porque elas se opõem ao plano do Senhor para lares felizes. Afinal, Deus inventou a família. E Ele nos deu o Seu plano na Bíblia para que possamos descobrir o que Ele diz aos cônjuges, pais e filhos.

Primeiramente, a Bíblia ensina que devemos descansar na força um do outro. "Sujeitando-se um ao outro no temor de Cristo" (EFÉSIOS 5:21). Devemos tratar uns aos outros com respeito, como Ele instruiu, porque Cristo é o Senhor da nossa família. Não posso fazer as coisas do meu jeito o tempo todo, nem minha esposa ou filhos. Devemos procurar fazer as coisas à maneira de Deus.

A submissão é necessária para a ordem e estabilidade. Caso contrário, todos tentam fazer suas próprias coisas, sem qualquer prestação de contas. Uma canção de sucesso se vangloria: "Fiz do meu jeito!". Vá em frente e faça do seu jeito — e veja quantas pessoas você machuca no processo, incluindo você mesmo.

Às vezes, temos a ideia de que um homem não pode demonstrar quaisquer fraquezas. Ele deve usar uma máscara para encobrir seus verdadeiros sentimentos. Mas isso é um engano! A Bíblia ensina que um marido deve contar com sua esposa e que ela deve descansar nele como o líder espiritual de sua casa.

Isso não significa que um é inferior ao outro. Homens e mulheres são iguais aos olhos de Deus. Paulo deixa isso claro quando diz: "Não pode haver... nem homem nem mulher, porque todos vós sois um em Cristo Jesus" (GÁLATAS 3:28).

Deus sabe que as funções da família funcionam melhor com um líder. É por isso que Ele designou o homem para assumir essa responsabilidade dentro de casa e exercê-la com amor. Às vezes, minha esposa, Pat, é melhor na tomada de decisões racionais do que eu. No entanto, ela descansa em mim para fazer as escolhas finais que devem ser feitas em nossa casa. Por sua vez, frequentemente eu conto com suas advertências e conselhos. Nós complementamos e apoiamos um ao outro.

À medida que os filhos veem a submissão mútua de seus pais, mais facilmente eles respeitam e obedecem o pai e a mãe (EFÉSIOS 6:1-3), especialmente se eles são disciplinados em amor para o próprio bem deles (HEBREUS 12:5-11).

O plano de Deus para lares felizes *realmente* faz a diferença! Encorajo você a ler a Bíblia e a orar como família todos os dias para aprender mais sobre o plano do Senhor para o seu lar.

CONSIDERE

- Qual é o plano de Deus para a felicidade do seu lar? Até que ponto você o segue e se beneficia desse projeto?

PROSSIGA

- Faça um compromisso de ler todos os anos pelo menos um livro sobre família baseado na Bíblia.

NOTAS

Parte quatro

BUSCANDO A VITÓRIA COMO EMBAIXADOR DE DEUS

Para o restante de sua caminhada, o Senhor deseja que você seja um de Seus embaixadores – em sua casa, sua igreja e seu mundo.

HÁBITO

40. Praticando o culto doméstico
41. Entendendo quem precisa da igreja
42. Reconhecendo como qualquer sarça velha poderá ser útil
43. Falando bem do Filho de Deus
44. Vivenciando a maior emoção
45. Adquirindo visão para o evangelismo
46. Acendendo o fogo do avivamento
47. Sonhando grandes sonhos
48. Planejando grandes planos
49. Orando grandes orações
50. Obedecendo grandes mandamentos
51. Finalizando a tarefa inacabada
52. Tomando a decisão mais importante

HÁBITO **40**

Praticando o culto doméstico

Algumas das coisas mais importantes que você e eu diremos e faremos como embaixadores de Deus serão em casa. É lá que o currículo mais crucial da vida é ensinado aos nossos filhos. Em média, os nossos filhos passam 1% do seu tempo na igreja, 16% na escola, e os 83% restantes em casa ou nos arredores dela. Assim, a influência de um pai ou mãe piedoso não pode ser superestimada. A menos que nossos filhos vejam a diferença que Cristo faz em nossas vidas e ouçam o evangelho claramente apresentado, eles, quase invariavelmente, rejeitarão o cristianismo.

Deus não tem netos. Descobri isso quando era menino. Meus pais amavam e serviam ao Senhor Jesus Cristo. Eles eram maravilhosos embaixadores de Cristo. Mas chegou o dia em que eu tive que decidir pessoalmente entregar minha vida a Ele também.

Deus planejou que a casa seja o lugar onde a Sua Palavra é ensinada, vivida e passada de geração a geração: "Estas palavras que, hoje, te ordeno estarão no teu coração; tu as inculcarás a teus filhos, e delas falarás assentado em tua casa, e andando pelo caminho, ao deitar-te, e ao levantar-te" (DEUTERONÔMIO 6:6,7).

Alguém disse: "Ensine a criança no caminho em que deve andar, e ande nele de vez em quando você também". Como nossos filhos passam tempo conosco ao redor da mesa e durante outras horas do dia, eles estão percebendo cada atitude que transmitimos e cada palavra que dizemos — e eles estão nos imitando. Você pode honestamente dizer aos seus filhos, sem constrangimento: "Sede meus imitadores, como também eu sou de Cristo" (1 CORÍNTIOS 11:1)?

Uma das formas mais importantes que os pais usam para comunicar sua fé a seus filhos é conduzi-los na adoração em família. O tempo para o estudo da Bíblia e oração deve ser uma parte natural, agradável e diária de sua vida familiar. Envolva seus filhos na leitura de uma curta passagem das Escrituras e discussão do que ela significa. Procure ser criativo; é uma tragédia deixar alguém entediado quando se está ensinando a Bíblia.

A oração é outro aspecto importante do culto doméstico, que deveria se estender a todas as partes do dia — antes da escola, nas refeições e ao deitar. Ensine seus filhos a agradecer a Deus por Sua proteção e bondade, a confessar seus pecados e a orar por parentes e amigos.

Temos uma mordomia com todos os filhos que Deus nos concede. Geralmente, nós os temos em nossa casa por apenas um tempo relativamente curto antes de saírem e formarem suas próprias famílias. Precisamos orar para que Deus "nos ensine a contar os nossos dias" (SALMO 90:12).

A. W. Tozer escreveu: "A vida não passa de um ensaio curto e agitado para um concerto que não chegaremos a realizar". Devido ao fato de nosso tempo ser tão limitado, temos que decidir o que fazer e não fazer para educar melhor nossos filhos "na disciplina e admoestação do Senhor" (EFÉSIOS 6:4).

Torne uma prioridade dizer e fazer aquelas coisas que ensinarão aos seus filhos as lições mais importantes da vida. Use o culto doméstico como um meio para integrar o cristianismo em todos os aspectos de seu lar.

Hábitos saudáveis para o CRESCIMENTO ESPIRITUAL

CONSIDERE

- Que tipo de tempo devocional ou de culto doméstico você tem com seus filhos?
- Quais melhorias você pode fazer nessa área de sua vida familiar?

PROSSIGA

- Faça uma lista de atitudes e ações em sua vida familiar que estão imprimindo em seus filhos um amor profundamente enraizado pelo Senhor, compromisso com a igreja e preocupação com os outros. Faça uma lista de coisas que você deveria estar fazendo.

NOTAS

HÁBITO 41

Entendendo quem precisa da igreja

"Não frequento nenhuma igreja ou reunião religiosa no momento", reconheceu uma mulher. "Minha religião é estar com Deus. Não preciso de nenhuma ajuda quanto a isso".

Um estudante universitário acrescentou: "A igreja vai além da hipocrisia para mim. Vejo-a como maçante, irrelevante, com medo da vida, traindo a Deus e tentando salvar a sua própria pele. Há algumas pessoas maravilhosas nela, mas representam cerca da metade de 1% do total de membros. Assim, a igreja para mim está morta. Deus está muito vivo, mas Deus não precisa da igreja".

Quem precisa da igreja, afinal de contas?

Certa vez, um jornalista da BBC, perguntou-me por que eu estava perdendo meu tempo tentando despertar e mobilizar a igreja. Referindo-se à Grã-Bretanha como uma sociedade pós-cristã, perguntou: "Você não está simplesmente chutando um cachorro morto?".

Respondi: "Não existe tal coisa como sociedade pós-cristã. Uma geração pode rejeitar o próprio evangelho, mas ela não pode rejeitá-lo para as gerações futuras. E, além disso", acrescentei alegremente: "Jesus Cristo é especialista em ressuscitar os mortos".

Quem precisa da igreja hoje?

Acredito que todos nós precisamos da igreja. Precisamos nos encontrar como grupos de crentes para nos dedicarmos à "doutrina dos apóstolos e na comunhão, no partir do pão e nas orações" (ATOS 2:42). Afinal, a igreja não é um edifício ou uma denominação; trata-se de *pessoas*. E acredito que Deus está agindo hoje entre muitos cristãos através de toda a nossa nação. Você já é membro de uma igreja local? Ore para que Deus aja de uma maneira poderosa para avivar as igrejas no mundo.

Se você está desanimado com a igreja, lembre-se do que a Bíblia diz: "Não deixemos de congregar-nos, como é costume de alguns; antes, façamos admoestações e tanto mais quanto vedes que o Dia se aproxima" (HEBREUS 10:25).

Busque a comunhão com uma igreja que prega — e pratica — a Palavra de Deus. Muitos pastores hoje estão tentando alimentar suas congregações com alimento social, em vez da verdade. Não me admiro que as pessoas estejam saindo insatisfeitas da igreja!

O Senhor deseja derramar Suas bênçãos de uma forma maravilhosa e abundante. E creio que Ele o fará... à medida que cada membro do Corpo de Cristo acorde para suas responsabilidades como embaixador que foi chamado para ministrar dentro da igreja e evangelizar aqueles que ainda precisam ouvir a voz de Deus. Você não gostaria de se juntar a mim em oração e trabalho para chegar a esse fim?

CONSIDERE

- Você pertence a uma igreja local? Como você está envolvido na vida e serviço de sua igreja?
- Por que a participação ativa em uma igreja local é um pré-requisito para você se tornar um dos embaixadores de Deus para o mundo?

PROSSIGA

- Se você ainda não fez isso, tome as medidas necessárias para se tornar membro da sua igreja local. Siga o Senhor no batismo e participe regularmente da Ceia do Senhor. Pratique a hospitalidade.
- Entre em contato com seu pastor e seja um voluntário para servir em alguma área. Oferte regular e generosamente. Contribua com a obra missionária de sua igreja.

NOTAS

HÁBITO 42

Reconhecendo como qualquer sarça velha poderá ser útil

Ouvi dizer: "Se este é o melhor ou o pior dos tempos, é o único tempo que temos". É um bom lembrete para nós como embaixadores de Deus. Este é o nosso momento na história. Devemos servir ao Senhor diariamente durante o tempo que temos agora. Mas como podemos servir-lhe? De que maneira podemos ser vitoriosos por Cristo durante a nossa vida? O que caracteriza um genuíno e bem-sucedido embaixador de Cristo?

Muitos cristãos acreditam que, se eles se esforçarem o suficiente e orarem por um tempo longo o bastante, então terão sucesso. Essa é a essência do legalismo. Um legalista pode ser sincero como for, mas se ele está confiando em si mesmo, então está caminhando para uma terrível queda.

Esse foi o caso de Moisés quando matou o egípcio que espancava um escravo hebreu. Ele foi sincero em suas intenções, mas estava confiando em sua própria força: as armas da carne.

E essa foi a minha situação quando em 1960, fui para os Estados Unidos para continuar meus estudos bíblicos. Eu tinha grandes sonhos que desejava ver rapidamente realizados. Minha impaciência me levou a confiar em minha própria força, não na força do Senhor.

Durante um dos últimos cultos na capela antes dos feriados de Natal, nosso orador foi o Major Ian Thomas, fundador dos

Torchbearers na Inglaterra. O tema do Major Thomas era "Qualquer sarça velha poderá ser útil, contanto que Deus esteja nela".

O Major Thomas ressaltou que Moisés levou 40 anos no deserto para perceber que ele não era nada. Deus estava dizendo a Moisés: "Não preciso de uma sarça bonita, ou de uma sarça culta, ou de uma sarça eloquente. Se vou usá-lo, vou usá-lo. Não será você fazendo algo para Mim, mas Eu fazendo algo por seu intermédio".

Major Thomas sugeriu que a sarça no deserto era provavelmente um monte de galhos secos que mal haviam se desenvolvido, mas ainda assim Moisés teve que tirar os calçados. Por quê? Porque era terra santa. Por quê? Porque Deus estava na sarça!

Eu era como aquela sarça. Não podia fazer nada para Deus. Todas as minhas leituras, estudos, perguntas e tentativas de me moldar segundo outras pessoas eram inúteis. Tudo em meu ministério era inútil se Deus não estivesse em mim! Não é de se admirar que me sentia tão frustrado: somente *o Senhor* poderia fazer algo acontecer.

Quando o Major Thomas concluiu com Gálatas 2:20, tudo fez sentido: "Estou crucificado com Cristo; logo, já não sou eu quem vive, mas Cristo vive em mim; e esse viver que, agora, tenho na carne, vivo pela fé no Filho de Deus, que me amou e a si mesmo se entregou por mim".

Percebi que o segredo para ser um bem-sucedido embaixador de Cristo dependia do Senhor Jesus Cristo que habitava em mim, que havia ressuscitado e que era Todo-poderoso, e não de mim mesmo. Deus estava finalmente no controle dessa sarça!

Tive uma imensa paz, porque percebi que não tinha mais que lutar. Que triste ver que eu tinha perdido 8 anos da minha vida tentando fazer tudo com minha própria força.

Talvez essa seja a sua situação hoje. Lembre-se: não podemos conquistar nossas vitórias através do esforço próprio, assim como não podemos conquistar nossa salvação.

Nosso recurso interior é o próprio Deus por causa de nossa união com Jesus Cristo (COLOSSENSES 2:9-15). Com esse entendimento, vem um senso divino de autoestima. Sou filho de Deus! Seu peregrino! Seu servo! Seu embaixador!

Embora nossos dias sobre a Terra sejam curtos, eles podem ser os melhores. Eles podem contar para a eternidade se apenas atingirmos nosso propósito e dissermos: "Não sou eu quem vive, mas Cristo vive em mim".

CONSIDERE

- Você se sente como um embaixador de Cristo? Por quê?
- O que teria que acontecer para você se considerar um embaixador de Deus? O que você teria que fazer? O que Deus teria que fazer? O que Deus já fez?

PROSSIGA

- Leia em Êxodo 3:1–4:17, que relata a aparição de Deus a Moisés na sarça ardente. Sublinhe ou destaque as desculpas que Moisés deu para dizer que não poderia ser embaixador de Deus. Use uma cor diferente para marcar a resposta do Senhor para cada desculpa de Moisés.
- Assuma um compromisso com Deus e, com disposição, seja Seu embaixador.

NOTAS

HÁBITO 43

Falando bem do Filho de Deus

Ventava naquela noite fria, em que dois jovens cristãos iam em direção ao distrito de tavernas em sua cidade natal de Glasgow, Escócia, com a ideia "absurda" da realização de uma reunião evangelística ao ar livre. Os dois jovens começaram a cantar hinos para reunir uma multidão. Seu canto foi tolerado, mas quando pararam de cantar para compartilhar a mensagem salvadora de Jesus Cristo, eles foram ridicularizados pela multidão com gritos vulgares e uivos zombeteiros.

Frederick S. Arnot e seu amigo foram bastante sinceros em compartilhar sua fé e a mensagem do evangelho com os bêbados da rua de tavernas. No entanto, a multidão estava determinada a não os deixar falarem. Finalmente, Arnot, com lágrimas escorrendo pelo rosto, reconheceu a derrota. Ele e seu amigo se viraram para ir embora.

De repente, alguém segurou o ombro de Arnot. Assustado, Arnot virou-se e viu um homem alto e idoso olhando de para ele. O estranho sorriu calorosamente e disse calmamente: "Continue, rapaz. Deus ama ouvir falarem bem de Seu Filho".

Com aquele encorajamento, os dois rapazes escoceses aprumaram-se e retornaram. Não demorou muito para que a multidão barulhenta começasse a prestar atenção à mensagem que os jovens queriam compartilhar.

Em 1881, vários anos depois desse acontecimento, Arnot, influenciado pelo exemplo dado por David Livingstone [N.E.:

Missionário e explorador britânico que ficou conhecido por ter sido um dos primeiros europeus a explorar o interior da África.], deixou o seu campo missionário escocês e se dirigiu para a África Central, onde Deus o usou de grande maneira para proclamar o evangelho.

Deus ama ouvir homens e mulheres falarem bem de Seu Filho. No entanto, como é fácil para nós nos tornarmos silenciosos e ineficazes seguidores de Cristo por causa de desânimo, falta de resultados ou alguma outra desculpa. Você fala bem do Filho de Deus? Se não, qual é a sua desculpa?

Em um artigo franco e desafiador intitulado *Desculpas*, o professor de seminário Norman L. Geisler admite que mesmo estando no ministério cristão em tempo integral há 18 anos, ele nunca testemunhou de Cristo. Suas desculpas lhe soam familiares?

1. "Eu não tinha o dom do evangelismo. Era óbvio para mim que alguém como Billy Graham tinha, e era igualmente óbvio que eu não".
2. "Eu tinha o dom de ensinar [aos cristãos], e é muito difícil alguém se converter nesse grupo".
3. "Eu não gostava... de evangelismo impessoal, então fazia 'evangelismo por amizade'. Não enfiaria o evangelho goela abaixo de ninguém".
4. "Cheguei à conclusão de que, se Deus é soberano... então Ele pode fazê-lo com ou sem mim".

Um dia, porém, um pregador visitante literalmente destruiu as desculpas de Geisler dizendo: "Sou missionário há anos e nunca fui *chamado*... a mim, apenas foi *ordenado* como ao restante de vocês". Essa afirmação surpreendeu Geisler, e ele se tornou um pescador de homens.

"Ide por todo o mundo e pregai o evangelho a toda criatura" (MARCOS 16:15) não foi uma sugestão, mas uma ordenança do Senhor

Jesus Cristo. Talvez como Arnot você já tenha sido ávido por testemunhar de Cristo, mas de alguma forma aquele zelo se apagou. Lembre-se: Deus gosta de ouvir você falar bem de Seu Filho.

CONSIDERE
- Deus ordenou que você seja um de Seus embaixadores. Como você tem respondido a isso?
- Em quais ocasiões você tentou falar bem do Filho de Deus? O que aconteceu? Como você se sentiu depois? Alguém já o encorajou dizendo "jovem, continue"?

PROSSIGA
- Reveja as quatro desculpas que alguns dão para não testemunharem de Cristo. Se você não falou recentemente com ninguém sobre Jesus, faça a sua lista de desculpas. Em seguida, avance para o Hábito 44.

NOTAS

HÁBITO 44

Vivenciando a maior emoção

Quando eu era jovem, era entusiasmado com a pregação do evangelho de Jesus Cristo em cultos nas ruas, reuniões de crianças e manifestações. Orava, estudava e pregava, mas ainda assim me sentia frustrado.

Chegou o dia quando enfim decidi que, no fim das contas, não tinha o dom de evangelizar. Era óbvio. Não importava quão dedicadamente eu pregasse, ninguém estava indo a Jesus Cristo. Nada do que eu fazia parecia fazer diferença. Estava inspirado pelas coisas que lia e ouvia sobre o ministério de Billy Graham, mas eu sabia que não tinha o que ele tinha.

Dei a Deus um prazo: "Se eu não vir qualquer convertido através de minha pregação até o final do ano, vou desistir". Ah, eu ainda seria um cristão ativo, mas me dedicaria ao ensino de crentes, em vez de evangelizar os incrédulos.

O final do ano chegou e passou. Nenhum convertido. Eu estava decidido: não pregaria mais. Agora, tinha certeza de que não tinha o dom.

Na manhã de sábado, cerca de quatro dias após o Ano Novo, a pequena igreja da qual eu participava realizou um estudo bíblico no lar. Eu não estava com vontade de ir, mas fui assim mesmo por respeito aos líderes. A pessoa responsável pelo ensino bíblico não apareceu. Assim, o dono da casa disse: "Luis, você terá que dizer alguma coisa".

Eu estava completamente despreparado. No entanto, estava lendo um livro do Dr. Graham chamado *O segredo da felicidade* (Ed. Bom Pastor, 2011), que é baseado nas bem-aventuranças. Assim, pedi um Novo Testamento e li Mateus 5:1-12. Então, repeti tudo o que me lembrei do livro do Dr. Graham.

Enquanto estava comentando sobre a bem-aventurança "Bem-aventurados os limpos de coração, pois verão a Deus" (MATEUS 5:8 NVI), uma senhora se levantou de repente. Ela começou a chorar e disse: "Meu coração não é puro. Como posso ver a Deus? Alguém me diga como posso ter um coração puro". Como foi agradável levá-la a Jesus Cristo!

Não me lembro do nome da mulher, mas nunca esquecerei suas palavras: "Alguém me diga como posso ter um coração puro". Juntos, lemos na Bíblia: "O sangue de Jesus, seu Filho, nos purifica de todo pecado" (1 JOÃO 1:7). Aquela senhora encontrou a paz com Deus e foi para casa com um coração puro transbordando de alegria.

Quando você ganha pessoas para Jesus Cristo, é a maior alegria. Sua formatura é emocionante, o dia do seu casamento é emocionante, e seu primeiro bebê é emocionante, contudo a coisa mais emocionante que você pode fazer é ganhar alguém para Cristo. E é algo contagioso. Uma vez que o faça, você não quer parar.

Desafio você a orar: "Querido Deus, desejo essa experiência. Desejo saber o que é servir como Seu embaixador e ganhar alguém para Jesus Cristo".

Seja qual for o nosso lugar no Corpo de Cristo, vamos ampliar nossa visão para convidar mais uma pessoa para o reino de Deus. Afinal, Deus não tem um plano A, um plano B e um plano C para evangelizar o mundo. Ele tem apenas um plano — você e eu.

CONSIDERE

- Em João 1, lemos sobre André, que se encontrou com Jesus e, em seguida, começou a apresentar outros ao Senhor. Por que ele estava tão animado em falar para seu irmão e amigos sobre Jesus?
- Quem você conhece em sua família, bairro, escola, local de trabalho e comunidade que ainda não crê em Jesus Cristo?

PROSSIGA

- Em um cartão 3x5 cm, liste os nomes de pelo menos cinco pessoas que você sabe que ainda não entregaram a vida para Cristo. Faça um compromisso de orar regularmente pela salvação delas.
- Coloque uma estrela no nome da pessoa que você acha que é menos provável de ir a Cristo. Ore diariamente por ele ou ela. Não se surpreenda se um dia ele ou ela se tornar cristão!

NOTAS

HÁBITO 45

Adquirindo visão para o evangelismo

No final da Segunda Guerra Mundial, Robert Woodruff declarou: "Na minha geração, é meu desejo que todos no mundo possam provar o gosto da Coca-Cola". Pense numa visão!

Hoje, a Coca-Cola® é vendida dos desertos da África até o interior da China. Por quê? Porque Wodruff motivou seus colegas a alcançarem sua geração em todo o mundo com seu produto.

Qual o tamanho de sua visão? Alguma vez você já sonhou sobre o que Deus pode fazer por seu intermédio a fim de ajudar a ganhar o mundo para Jesus Cristo em nossa geração? Afinal, como disse Oswald Smith, a única geração que pode alcançar esta geração é a nossa geração.

Embora o Senhor tenha limitado Seu ministério público à área da Palestina, Ele veio, viveu e morreu pelo mundo inteiro. Depois de Sua ressurreição, Ele comissionou Seus discípulos a "fazer discípulos de *todas* as nações" (MATEUS 28:19, ÊNFASE ADICIONADA). Ele os enviou como Seus embaixadores primeiro a Jerusalém, depois a toda Judeia e Samaria, e, finalmente, até os confins da Terra (ATOS 1:8).

Aqueles cristãos do primeiro século estavam hesitantes em sonhar sobre como Deus cumpriria os últimos mandamentos de Cristo. O apóstolo Paulo desafiou a complacência deles dedicando sua vida, após sua conversão, a viajar e anunciar a Cristo.

Paulo explicou sua visão para a evangelização em Romanos 15. Primeiro, ele pôde relatar: "desde Jerusalém e circunvizinhanças até o Ilírico, tenho divulgado o evangelho de Cristo" (ROMANOS 15:19). Até mesmo seus inimigos admitiram que Paulo havia anunciado o evangelho por províncias inteiras (ATOS 19:26) e tinha virado o mundo de cabeça para baixo (ATOS 17:6).

Paulo não estava contente em anunciar o evangelho a uma pequena área em detrimento do restante do mundo. Ele tinha uma estratégia para atingir todo o Império Romano. "Mas, agora, não tendo já campo de atividade nestas regiões [Jerusalém ao Ilírico] e desejando há muito visitar-vos, penso em fazê-lo quando em viagem para a Espanha" (ROMANOS 15:23,24).

Paulo, então, explicou o seu itinerário. Em sua mente, ele visualizou todas as grandes cidades onde pararia a caminho de Roma. Ele desejava ganhar para Cristo o povo desta capital influente (assim como anseio ver cidades-chave em todo o mundo ouvirem a voz de Deus). Mas além de Roma, Paulo, em última análise, queria alcançar todo o mundo conhecido, em sua época, com o evangelho de Jesus Cristo.

Assim como Paulo, a nossa visão como embaixadores de Deus deve ser "ganhar o maior número possível de pessoas para Jesus Cristo em todo o mundo". Isso é parte da declaração da visão de minha associação evangelística e também a razão de ela existir. Seguindo o exemplo de Paulo, buscamos ativa e ostensivamente evangelizar as multidões de cidade em cidade, usando todos os meios possíveis.

A evangelização não é uma opção na vida cristã. Paulo admitiu: "Se anuncio o evangelho, não tenho de que me gloriar, pois sobre mim pesa essa obrigação; porque ai de mim se não pregar o evangelho!" (1 CORÍNTIOS 9:16). Seja pregando ou orando, viajando ao redor do globo terrestre ou falando com os vizinhos, todos devemos ser parte do ganhar o mundo para Jesus Cristo.

CONSIDERE
- Como você pode ser parte, por meio de suas orações, da obra de Deus em todo o mundo?
- De que outra forma você pode se envolver para ajudar a ganhar o mundo para Jesus Cristo?

PROSSIGA
- Comece diariamente a incluir a evangelização ao redor do mundo em suas orações.
- Como você pode se envolver mais em "fazer discípulos de todas as nações"? Peça a Deus para conduzi-lo à próxima etapa.

NOTAS

HÁBITO 46

Acendendo o fogo do avivamento

O desejo do apóstolo Paulo de ganhar o mundo para Jesus Cristo sempre me desafia. Apesar dos apedrejamentos, espancamentos e outras dificuldades que sofreu, ele procurou tornar as chamas do avivamento ainda mais brilhantes.

Paulo usou o pensamento estratégico para cumprir seu ministério como embaixador de Cristo. Suas viagens missionárias foram cuidadosamente planejadas para anunciar o evangelho de Cristo nas principais cidades e províncias. Ele nunca considerou carnal ou abaixo de sua dignidade fazer tais planos.

No entanto, mesmo Paulo tendo uma estratégia definida para ganhar sua geração para Cristo, ele permaneceu sensível à liderança do Espírito Santo. Por exemplo, embora tivesse outros planos, o Espírito o compeliu a ir à Macedônia (ATOS 16).

Esse é um conceito empolgante para mim. Por um lado, Deus quer que usemos planos lógicos e estratégicos no cumprimento da Grande Comissão. Por outro lado, se formos sensíveis à orientação do Espírito, Deus pode redirecionar nossos planos quando necessário. Um não anula a necessidade do outro.

Como Paulo, precisamos pensar estrategicamente para que o mundo inteiro ouça a voz de Deus. Devemos trabalhar e orar não somente pela salvação de indivíduos específicos, mas também pelas multidões nas grandes cidades e nações. O que seria necessário para que eles ouvissem e cressem na voz de Deus?

Depois de estudar a vida de Paulo e outros grandes evangelistas na história da Igreja, estou convencido de que Deus usa cruzadas evangelísticas para alcançar milhões de vidas e trazer centenas de milhares para o Seu reino. Estou igualmente convencido de que Deus também usa outros métodos. Paulo disse: "Fiz-me tudo para com todos, com o fim de, por todos os modos, salvar alguns" (1 CORÍNTIOS 9:22). Testemunhar a um amigo é tão importante quanto pregar para uma multidão. Deus faz a obra, não importa o método que usemos. É através do poder do Espírito Santo e pela graça de Deus que as pessoas são salvas.

As Escrituras testemunham repetidamente que Deus age tanto em indivíduos quanto em multidões, geralmente após a igreja experimentar um novo toque da mão de Deus. A história da Igreja confirma isso também. Mas por que sempre temos que ler sobre avivamentos passados? Por que não podemos *viver* o avivamento em nossa própria carne e sangue?

Como Evan Roberts, o "evangelista silencioso" do grande avivamento galês, lembrava a cada plateia a quem falava, Deus derramará o fogo do avivamento somente quando quatro coisas acontecerem:

1. Confissão pública de Jesus Cristo como Salvador
2. Confissão de todo pecado conhecido
3. Abandono de toda atividade duvidosa
4. Imediata e completa obediência ao Espírito

Se essas quatro coisas acontecessem na vida de todos os habitantes desta nação, o fogo do avivamento poderia se espalhar por todo o mundo. Mas o que deve ocorrer antes do avivamento começar — com você?

CONSIDERE

- O que você prefere: ter um plano de ação bem arquitetado ou ser mais espontâneo?
- Qual estilo (ou método) de evangelização Deus prefere?

PROSSIGA

- Reveja os quatro pré-requisitos listados acima para o avivamento. Peça a Deus para trazer avivamento ao seu próprio coração.

NOTAS

HÁBITO **47**

Sonhando grandes sonhos

Quando eu tinha cerca de 17 anos e estava começando a levar a Palavra de Deus a sério, um versículo me incomodou. Simplesmente não podia acreditar que ele estivesse dizendo aquilo. Verifiquei várias traduções para ver se eu poderia encontrar uma versão melhor. Mas o versículo está redigido essencialmente do mesmo modo em cada tradução: "Em verdade, em verdade vos digo que aquele que crê em mim fará também as obras que eu faço" (JOÃO 14:12).

Essa é uma promessa fantástica, quase incrível, dos lábios do Senhor Jesus, e foi comprovada muitas vezes. Você já experimentou essa verdade em sua própria vida?

Como adolescente crescendo na Argentina, eu me senti frustrado ao evangelizar os perdidos. "Senhor, há milhões de pessoas apenas neste país", dei-me conta. "No entanto, aqui estamos nós sentados, domingo após domingo, as mesmas pessoas fazendo a mesma coisa. Temos que alcançar os de fora".

Então, vários de nós começamos a orar juntos: "Senhor, tira-nos daqui. Faz alguma coisa. Usa-nos". Lentamente, no meu coração e no coração dos outros, começou a crescer uma visão — a visão de alcançar milhões de pessoas.

Alguns dos meus sonhos eram tão loucos que eu não contava a ninguém, exceto à minha mãe, e sequer lhe contava todos eles. Ela nos encorajava dizendo: "Vamos lá. Vocês não precisam de uma mensagem especial do Senhor. Ele deu a ordem séculos atrás para pregar as boas-novas a todos. Então, vão. Não fiquem esperando para obterem mais instruções".

Assim, modesta e lentamente, começamos a evangelizar. Agora fico constantemente maravilhado com a maneira que o Senhor realizou muitos dos nossos grandes sonhos ao longo dos últimos 30 anos. "Louvado seja o Senhor! Está acontecendo!", exclamamos repetidas vezes.

Enquanto Jesus Cristo estava na Terra, Ele deliberadamente limitou-se a três anos de ministério em uma pequena área geográfica por um curto período antes de morrer e ressuscitar dos mortos para nos salvar.

Hoje, Cristo está chamando você e eu, Seus embaixadores, para sonhar grandes sonhos porque todo aquele que nele crê pode fazer as grandes obras que Ele fez.

Como isso é possível? A chave para essa promessa é duplicada.

Primeiramente, porque Cristo estava indo para o Pai, Ele enviaria o Espírito Santo para habitar em nós. Agora que o Espírito habita em nós como crentes, Cristo faz suas obras *através de nós!*

Segundo, Cristo acrescenta uma condição à Sua promessa: "aquele que *crê em mim* fará também as obras que eu faço" (ênfase adicionada). O Senhor nos desafia a ter fé — não necessariamente ter *mais* fé, mas fé *nele*. É uma fé contínua. Assim a afirmação de Jesus poderia ser colocada desta forma: "Aquele que continua a crer em mim fará também as obras que eu faço".

Você parou de ver grandes coisas acontecerem em sua vida? Talvez tenha parado de crer que Deus pode agir de forma poderosa, mesmo em nossa geração.

O que limita a obra de Deus aqui na Terra? Deus é, de algum modo, incapaz de avivar a Sua Igreja? De fazer o coração de milhares de milhares voltarem-se para Ele? De fazer o fogo do avivamento se espalhar por todo o país e além? Claro que não!

Em certo sentido, porém, Deus escolheu limitar Suas obras àquelas coisas que cremos que Ele faz através de nós.

CONSIDERE
- O que você gostaria de poder fazer para Deus?
- Com base no seu estudo da Palavra de Deus, o que você crê que Deus deseja fazer através de você?

PROSSIGA
- Leia João 14:12-15. O Senhor quer que sonhemos grandes sonhos. Faça uma lista do que mais Ele deseja que façamos e, em seguida, avance para o Hábito 48.

NOTAS

HÁBITO 48

Planejando grandes planos

Encontramos pessoas entediadas o tempo todo, até mesmo cristãos. Elas podem parecer ocupadas, mas seus dias são preenchidos com a rotina da vida e tarefas corriqueiras.

Como novos cristãos, estamos muito empolgados com as promessas de Deus. Ficamos animados com as respostas de oração. As biografias e livros de grandes homens e mulheres de Deus nos desafiam a agir pela fé. Mas, à medida que o tempo passa, às vezes nos tornamos empedernidos e céticos. Perdemos a alegria da vida cristã e ficamos entediados. Ouvimos falar de algo maravilhoso que Deus está fazendo e dizemos "Ó", como se não fosse nada!

O Senhor Jesus Cristo nos desafia a abandonar nossa complacência quando diz: "Em verdade, em verdade vos digo que aquele que crê em mim fará também as obras que eu faço e outras maiores fará, porque eu vou para junto do Pai" (JOÃO 14:12).

O Senhor não pretende que nos sentemos ociosos e simplesmente sonhemos com o que poderia acontecer para a Sua glória. Ele quer que idealizemos grandes planos para que esses sonhos se tornem realidade!

Alguém bem disse: "Cremos que o Senhor pode fazer qualquer coisa, mas esperamos que Ele não faça nada". Frequentemente, vários anos depois que uma pessoa entrega sua vida a Jesus Cristo, duvida de Deus em vez de continuar a confiar nele para coisas maiores. Ninguém faz planos maiores do que si mesmo.

Para que Deus nos use novamente, precisamos confessar essa incredulidade e dizer: "Senhor Jesus, renova minha visão do Teu poder. Renova minha confiança em Tuas habilidades. Renova minha confiança em Teus recursos". Então, sonhe e planeje novamente.

William Carey se deparou com o tédio e a dúvida quando propôs enviar missionários para evangelizar todo o mundo. Os cristãos mais velhos lhe disseram para desistir de suas ideias absurdas. Mas ao explicar seus sonhos e planos, Carey escreveu: "Espere grandes coisas de Deus, tente fazer grandes coisas para Deus". Essa afirmação tornou-se o credo do Movimento Moderno de Missões, enquanto homens e mulheres seguiam o exemplo de Carey e foram aos confins da Terra com a mensagem salvífica do evangelho de Cristo.

Deus colocou um peso em meu próprio coração para ganhar o maior número de pessoas possível para Jesus Cristo — primeiramente, em minha própria cidade, depois, em meu país, então, em toda a América Latina. Agora, pela graça de Deus, estamos buscando fazer com que o mundo todo ouça a Sua voz.

Com esse sonho, nossa associação evangelística fez planos para alcançar as multidões, utilizando os meios de comunicação e grandes cruzadas evangelísticas nas principais cidades. E pela graça de Deus, estamos vendo alguns dos nossos sonhos se tornando realidade!

E você? Está esperando grandes coisas de Deus? Ou está sentado sem fazer nada? Se for verdade que o Senhor Jesus Cristo quer que sejamos Seus embaixadores às nações, então, não podemos permanecer passivos.

Sonhe... Visualize os bilhões de não evangelizados nesta geração. Como Deus poderia usá-lo para compartilhar Cristo no trabalho, na escola, em seu bairro — e além? Faça planos específicos de ação. Tente fazer grandes coisas para Deus hoje!

CONSIDERE

- O que você crê que Deus poderia fazer em você e através de sua vida? O que você espera que Ele faça?
- De que maneira os apóstolos cumpriram estas palavras de Jesus: "[Vocês] farão coisas ainda maiores do que estas, porque eu vou para junto do Pai"?

PROSSIGA

- Deus pode usá-lo para conduzir alguém à fé em Jesus Cristo? Sim, Ele pode! Explore quais oportunidades de serviço estão disponíveis através de sua igreja local.
- Faça planos agora para ser voluntário a fim de servir o Senhor como conselheiro de acampamento, líder ou obreiro de Escola Bíblica de Férias, professor de escola bíblica na igreja, patrocinador de grupo de jovens ou tenha um estudo bíblico evangelístico em sua casa.

NOTAS

HÁBITO 49

Orando grandes orações

Tenho um amigo rico na América Latina que ama o Senhor e ama a evangelização via TV. Em várias ocasiões, ele me disse: "Luis, qualquer hora que você tiver uma cruzada evangelística, eu pagarei por uma noite de transmissão na TV. Se eu puder, pagarei por duas ou três noites".

É bom ter um amigo assim! Ele é uma pessoa maravilhosa. Mas, para ser franco com você, tenho muita dificuldade em ligar para ele. Ele até me disse para ligar a cobrar. De vez em quando ele me liga. "Ei, você não está realizando nenhuma cruzada? Você não ligou para mim. Não precisa de dinheiro?"

Bem, é claro que estamos fazendo cruzadas, e, é claro que precisamos de dinheiro para proclamar o evangelho. Mas, por alguma razão, fico muito hesitante em ligar para ele.

Somos assim em relação ao Senhor. Ele não nos desafia simplesmente a sonhar grandes sonhos e planejar grandes planos; Ele acrescenta: "E tudo quanto pedirdes em meu nome, isso farei, a fim de que o Pai seja glorificado no Filho. Se me pedirdes alguma coisa em meu nome, eu o farei" (JOÃO 14:13,14).

Que promessa incrível! Deus quer que lhe peçamos qualquer coisa. No entanto, mesmo que Ele nos tenha chamado para sermos Seus embaixadores, ficamos indecisos e fazemos rodeios. "Peça para mim. O que você está esperando?", diz o Senhor.

Quando meu filho mais novo tinha apenas 6 anos, ele tinha um milhão de pedidos. Ele me pediu algumas das coisas mais loucas.

Entretanto, eu amava vê-lo achegar-se e me pedir. Alguns de seus pedidos eram demais, é claro, mas eu não me importava. Geralmente, se eu podia arcar com o que ele queria, eu lhe dava. Afinal, ele é meu filho. Nosso Pai Celestial também quer que nos acheguemos a Ele com nossos pedidos. Ele tem prazer em dar coisas boas aos que lhe pedirem (MATEUS 7:11).

Observe novamente o que o Senhor salienta em João 14: "...pedirdes em meu nome [...] a fim de que o Pai seja glorificado no Filho" (vv.13,14). Ele nos desafia a recorrer a Seus inesgotáveis recursos, pedindo-lhe em Seu nome por qualquer coisa que possa glorificar a Deus. Afinal, não é esse o nosso principal objetivo na vida?

"Farei qualquer coisa que me pedirdes". Tenho invocado essa promessa muitas vezes durante a minha vida. Um dos meus primeiros pedidos foi por uma moeda para que eu pudesse pagar o ônibus para ir trabalhar na Argentina. Deus não deixou cair a moeda do Céu milagrosamente, mas Ele providenciou uma carona para o trabalho de uma maneira incomum.

Deus continuou a responder muitas orações — orações por grandes decisões, necessidades urgentes, portas abertas, segurança, pessoas, sabedoria. Respostas a essas orações, fossem grandes ou pequenas, fizeram com que minha fé crescesse cada vez mais.

"A oração não é conquistar a relutância de Deus, mas se apropriar da disposição de Deus", disse Phillips Brooks. Deus já conhece os nossos sonhos e planos. Ele não diz: "Convença-me!"; Ele simplesmente diz: "Peça".

CONSIDERE

- Quando você ora, você hesita em pedir ao Senhor alguma coisa? Por quê?

- O que é uma das maiores coisas que Deus poderia estar disposto a fazer por você? Você já lhe pediu para fazer?

PROSSIGA
- Separe alguns minutos para falar com o Senhor, dizendo-lhe o que está em seu coração neste momento. Peça para que Ele aja em você e através de você para a glória dele.

NOTAS

HÁBITO 50

Obedecendo grandes mandamentos

O cartaz no palco dizia: "O homem imóvel: faça-o rir, e ganhe $100". A tentação era irresistível. Durante três horas meninos e meninas, homens e mulheres realizaram todos os gracejos e contaram todas as piadas que podiam inventar. Mas Bill Fuqua, o Homem imóvel, permaneceu perfeitamente estático.

Fuqua, o campeão do *Livro Guinness dos Recordes* em fazer nada, parece tão imóvel durante suas rotinas em shoppings e parques de diversões, que ele é, às vezes, confundido com um manequim.

Ele descobriu seu talento único aos 14 anos, enquanto, como uma brincadeira, permaneceu imóvel na frente de uma árvore de Natal. Uma mulher o tocou e exclamou: "Ó, pensei que fosse uma pessoa de verdade".

Fazer nada é realmente impossível, mesmo para o Homem imóvel. Fuqua atribui sua paralisia simulada à pele hiperelástica, uma pulsação extremamente baixa e concentração intensa. Ele pode não rir de suas piadas, mas ele admite que ainda precisa respirar e piscar de vez em quando.

O Homem imóvel me lembra de alguns cristãos que ainda se sentam imóveis ou ficam sem fazer nada, quando deveriam estar agindo, falando... se movimentando. As pessoas questionam se você é um verdadeiro cristão? Como podemos servir como embaixadores de Cristo e ainda assim permanecer passivos ao mesmo tempo?

O primeiro passo na vida cristã é confessar que Jesus é o Senhor (ROMANOS 10:9). À medida que amadurecemos, entendemos mais plenamente quem Jesus realmente é — o Rei dos reis e Senhor dos senhores (1 TIMÓTEO 6.15). Descobrimos que o dia está chegando quando toda língua confessará que Jesus Cristo é o Senhor (FILIPENSES 2:11). Temos consciência de que Deus, o Pai, deu ao Seu filho supremacia sobre toda a criação (COLOSSENSES 1:18).

Cada passo posterior na vida cristã envolve obedecer a Jesus como Senhor. O apóstolo João nos diz: "Sabemos que o temos conhecido por isto: se guardamos os seus mandamentos" (1 JOÃO 2:3). Na medida em que sabemos e cremos que Jesus é Senhor, nós o obedecemos. A Bíblia chama isso de "o temor do Senhor".

O temor do Senhor implica uma profunda reverência e temor de Deus — e uma reação correspondente de obediência. "Bem-aventurado o homem que teme ao SENHOR e se compraz nos seus mandamentos" (SALMO 112:1).

O Senhor Jesus nos chama não só para sonhar grandes sonhos, planejar grandes planos e orar grandes orações, mas também para obedecer a Seus grandes mandamentos: "Se me amais, guardareis os meus mandamentos" (JOÃO 14:15). Os mandamentos do Senhor são sempre grandes. Ele jamais nos dá sugestões pequenas e insignificantes.

Ele é o Senhor dos senhores. Ouça Suas últimas palavras antes de Sua ascensão: "Toda a autoridade no me foi dada céu e na terra. Ide, portanto, fazei discípulos de todas as nações, batizando-os em nome do Pai, e do Filho, e do Espírito Santo; ensinando-os a guardar todas as coisas que vos tenho ordenado. E eis que estou convosco todos os dias até à consumação do século" (MATEUS 28:18-20). Como Senhor, Ele nos deu uma grande comissão.

O Senhor não nos chamou para ficarmos sentados imóveis. Ele nos chamou para a ação! Vamos seguir em frente como Seus embaixadores e desfrutar do entusiasmo de obedecer-lhe e convidar pessoas para entrar em Seu reino.

CONSIDERE

- Você já confessou publicamente Jesus como Senhor de sua vida? Você realmente crê que Ele é o Senhor? Em caso afirmativo, você está lhe obedecendo e servindo ativamente? Por quê?
- O que significa temer ao Senhor? É algo que Deus o chama a fazer como Seu filho? Como Seu peregrino? Como Seu servo? Ou como Seu embaixador?

PROSSIGA

- Faça, agora mesmo, um compromisso diante do Senhor de obedecer (e ensinar) tudo o que Ele manda.

NOTAS

HÁBITO 51

Finalizando a tarefa inacabada

Imagine o que aconteceria se todos os homens, mulheres e crianças em sua área ouvissem o evangelho de Jesus Cristo proclamado claramente e entregassem suas vidas ao Senhor este ano. Todos os jornais em todo o mundo noticiariam! Todas as estações de rádio transmitiriam "o maior avivamento de todos os tempos". Todos os telejornais discutiriam a dramática reforma que estaria ocorrendo aqui.

Mas nosso trabalho *não* estaria terminado. E quanto às novas crianças? E quanto aos futuros imigrantes? E quanto os mais de 3,5 bilhões de pessoas que nunca ouviram uma apresentação clara do evangelho?

As estatísticas nos impressionam. Então, vamos pensar sobre indivíduos específicos que conhecemos e os que encontramos, que nunca entregaram a vida a Jesus Cristo. Quem vem à mente?

Então, pense sobre as multidões que você vê nas cidades — nos shoppings, nas ruas movimentadas, em todos os lugares. Como você se sente quando pensa nelas?

As Escrituras nos dizem que, quando Jesus viu as multidões, "compadeceu-se delas, porque estavam aflitas e exaustas como ovelhas que não têm pastor" (MATEUS 9:36). Precisamos pedir a Deus para comover o nosso coração com a mesma compaixão que há no coração dele.

Os maiores perigos que enfrentamos como cristãos são o ceticismo e a fria indiferença. "Ó, sim, mais de 3,5 bilhões não conhecem a Cristo. Isso é muito ruim". Não devemos nos esquecer das *pessoas*, incluindo aquelas que conhecemos e amamos, por trás desse número, que vivem "não tendo esperança e sem Deus no mundo" (EFÉSIOS 2:12).

O Senhor indicou a urgência de nossa tarefa, lembrando Seus discípulos que "a seara, na verdade, é grande, mas os trabalhadores são poucos" (MATEUS 9:37). Devemos sentir a urgência do nosso tempo. Quanto tempo as pessoas devem esperar para ouvir o evangelho? Quantas gerações mais devem passar antes que algumas partes do mundo ouçam a mensagem de Cristo pela primeira vez?

É empolgante ver que na maior parte do chamado Terceiro Mundo, há hoje uma tremenda colheita. E Deus está agindo de uma forma incrível em toda a América Latina, África, Ásia, Europa Oriental e nas antigas repúblicas soviéticas. A comunicação em massa tornou possível alcançar, com a mensagem da vida, até mesmo nações "fechadas".

Mas nossa tarefa é urgente. É por isso que Jesus Cristo ordenou aos Seus discípulos: "Rogai, pois, ao Senhor da seara que mande trabalhadores para a sua seara" (MATEUS 9:38). Nossas Bíblias terminam o capítulo exatamente aí, mas não pare de ler! Nos cinco versículos seguintes, o Senhor deu aos Seus discípulos autoridade e os enviou para a sega. Os Doze se tornaram uma resposta à própria oração deles!

A fim de terminar a tarefa, devemos ter a autoridade de Deus que vem de uma vida santa. Paulo disse a Timóteo: "Deus não nos tem dado espírito de covardia, mas de poder, de amor e de moderação" (2 TIMÓTEO 1:7). Gosto de pensar nisso como ousadia santa.

A tarefa inacabada de ganhar o mundo para Jesus Cristo é enorme. Como embaixador de Cristo, você está disposto a adquirir uma compaixão pelos não salvos e um senso de urgência para alcançá-los para Cristo? Você está à disposição de Deus para servir com ousadia santa como um trabalhador em Sua seara? Vamos em frente para terminar a tarefa que está diante de nós.

CONSIDERE

- Quem você conhece que está "sem esperança e sem Deus no mundo"? Eles estão felizes do jeito que estão? Que diferença Cristo poderia fazer na vida deles?
- Cerca de 85% daqueles que confiam em Jesus Cristo o fazem antes dos 18 anos. O que isso sugere com relação à importância de evangelizar as crianças?

PROSSIGA

- Apoie a evangelização promovida por sua igreja local a crianças e jovens em sua comunidade e contexto cristão.

NOTAS

HÁBITO 52

Tomando a decisão mais importante

Como cristãos, todos nós podemos olhar para trás, para a época em nossa vida quando a entregamos a Jesus Cristo. Tomei essa decisão crucial enquanto participava de um acampamento de verão de duas semanas nas montanhas da Argentina. Charles Cohen, um dos professores no internato que eu frequentava quando era menino, organizava o acampamento a cada verão. O nome do conselheiro da minha barraca era Frank Chandler.

Todas as noites da semana durante o acampamento de verão, o Sr. Chandler acordava um menino, tirava-o da cama, e, com a Bíblia em uma das mãos e uma lanterna na outra, levava o menino para fora. Lá, sob as estrelas, ele se sentava com o menino e conversava com ele sobre um compromisso pessoal de fé em Cristo.

Mesmo que me sentisse culpado por meus pecados e soubesse que precisava me tornar um cristão, não queria falar disso com ninguém. Mas, no final, todos os outros meninos tinham conversado com o Sr. Chandler. Quando ele entrou na barraca naquela última noite de acampamento, eu sabia o porquê!

Fingi que estava dormindo, pensando que ele iria embora. Não funcionou.

—Vamos, Palau— ele disse —, levante-se.

Não sabia, mas aquela seria a melhor noite do acampamento. Fomos para fora e nos sentamos em uma árvore caída.

—Luis, você é cristão ou não?, perguntou o Sr. Chandler.

—Acho que não — eu disse.
—Bem, não é uma questão de achar ou não. Você é ou não é?
—Não, não sou.
—Se você morresse hoje à noite, você iria para o Céu ou para o inferno?

Fiquei sentado ali em silêncio por um momento, um pouco espantado, e então disse:
—Vou para o inferno.
—É para onde você quer ir?
—Não! — respondi.
—Então por que vai para lá?

Encolhi os ombros.
—Não sei.

Mr. Chandler, em seguida, abriu sua Bíblia em Romanos e leu: "Se, com a tua boca, [Luis,] confessares Jesus como Senhor e, em teu coração, creres que Deus o ressuscitou dentre os mortos, [Luis,] serás salvo. Porque com o coração se crê para a justiça e com a boca se confessa a respeito da salvação" (ROMANOS 10:9,10).

Ele olhou para mim e perguntou:
—Luis, você crê em seu coração que Deus ressuscitou Jesus dentre os mortos?
—Sim, creio! — respondi.
—Então o que você tem que fazer para ser salvo?

Hesitei, então o Sr. Chandler me fez ler Romanos 10:9 mais uma vez:
—Luis, se, com a tua boca, confessares Jesus como Senhor... serás salvo.

O Sr. Chandler colocou seu braço em volta de mim e me conduziu em oração. Abri meu coração a Cristo ali mesmo, na chuva, sentado em um tronco, com pressa. Mas tomei minha decisão. Tinha apenas 12 anos na época, porém sabia que estava salvo. Eu tinha a vida eterna porque Jesus Cristo disse: "Eu lhes dou a vida eterna; jamais perecerão, e ninguém as arrebatará da minha mão" (JOÃO 10:28).

Quase não consegui dormir naquela noite, estava tão empolgado por entregar minha vida a Cristo! Afinal de contas, é a decisão mais importante que qualquer um possa fazer. Quando você pensa sobre isso, comparado a receber a vida eterna, nenhuma outra decisão é tão importante.

C. S. Lewis disse muito bem: "Nenhum homem está pronto para viver a vida na Terra até que esteja pronto para a vida no Céu".

Juntos, vamos proclamar o evangelho onde quer que o Senhor nos conduza, para que tantas pessoas quanto possível possam estar prontas.

CONSIDERE

- Como era sua vida antes de conhecer a Cristo?
- Como você se tornou cristão?
- De que maneira sua vida tem sido diferente desde que se tornou cristão?

PROSSIGA

- Separe alguns minutos para escrever o seu testemunho, respondendo às perguntas do "Considere" relacionadas acima.
- Peça a Deus para lhe dar uma oportunidade de compartilhar seu testemunho com outro companheiro cristão esta semana.
- Depois, peça ao Senhor para lhe dar coragem para compartilhar sobre o Seu amor com alguém que não conheça a Cristo ainda.

Indicação de leituras

Para enriquecer ainda mais sua vida cristã, sugerimos alguns títulos de livros. Alguns destes títulos podem não se encontrar disponíveis em livrarias, assim terá que procurar em sebos ou na Internet.

A Bíblia toda, o ano todo,
   de John R. W. Stott (Editora Ultimato, 2006)
Avalie a sua vida — 17 Maneiras de examinar a sua vida sob a perspectiva de Deus,
   de Wesley L. Duewel (Editora Luz e Vida, 1996)
Casamento a três — Uma aliança com Deus,
   dos editores do Pão Diário (Publicações Pão Diário, 2015)
Cristianismo Puro e Simples,
   de C. S. Lewis (Editora Thomas Nelson Brasil, 2017)
Devocional para casais,
   de David e Teresa Ferguson (Publicações Pão Diário, 2016)
Diga sim para mudar,
   de Luis Palau (Editora Bêtania, 1993)
Ensinando no caminho — Práticas para investir na vida espiritual de seu filho,
   de Melina Pockrandt (Publicações Pão Diário, 2019)
Intercessão mundial,
   de Patrick Johnstone e Jason Mandryk (Editora Horizontes América Latina, 2003)
Manual bíblico — Aventurando-se através da Bíblia,
   de Ray C. Stedman (Publicações Pão Diário, 2019)

O Peregrino,
de John Bunyan (Publicações Pão Diário, 2014)
O segredo da felicidade,
de Billy Graham (Editora Bom Pastor, 2011)
Segundo o coração de Deus,
de Luis Palau (Editora Bêtania, 1987)
Tudo para Ele,
de Oswald Chambers (Publicações Pão Diário, 2016)

Sobre o autor

Quem é Luis Palau? Talvez você esteja acompanhando seu ministério com interesse há anos. Ou talvez este livro seja seu primeiro contato com esse homem.

Luis Palau é bem conhecido em sua terra adotiva, Estados Unidos. E sua popularidade na América Latina, Reino Unido e outras partes do mundo é notável. Durante uma cruzada em Londres, mais de 518.000 pessoas foram ouvir Palau pessoalmente. E há alguns anos uma multidão de 700.000 pessoas se reuniu para ouvi-lo no Domingo de Ação de Graças na Guatemala.

De muitas maneiras, Luis Palau se destaca nesta geração como um verdadeiro porta-voz e líder cristão internacional. Ele é uma terceira geração europeia transplantada, que cresceu na província de Buenos Aires, Argentina, e depois, escolheu se tornar cidadão norte-americano após a conclusão do curso de graduação no Multnomah Biblical Seminary, em Portland, Oregon.

Igualmente fluente em inglês e espanhol, as mensagens solidamente bíblicas e práticas de Luis Palau tocam profundamente as mentes e os corações de seus ouvintes em todo o mundo.

"Luis é provavelmente o mais requisitado entre os evangélicos para pregar e falar do que qualquer outra pessoa no mundo", disse Billy Graham. "Onde quer que haja uma conferência evangélica, eles tentam contar com Luis Palau, pois ele é um pregador poderoso. Contudo, mais do que isso, ele é um evangelista a quem Deus concedeu uma multiplicidade de dons".

Luis Palau proclamou as boas-novas de Jesus Cristo para centenas de milhões de pessoas via rádio e televisão em mais de

95 países, e pessoalmente a mais de 11 milhões de pessoas em seis continentes.

O impacto? Muitos milhares de pessoas creram em Jesus Cristo e se tornaram Seus discípulos em igrejas locais. Cidades e nações ouviram uma clara proclamação do evangelho. O desejo de Luis Palau nesta geração é ver a mesma coisa acontecer nos Estados Unidos.

Luis e sua esposa, Pat, também conferencista e autora conhecida, serviram como missionários evangelistas na Costa Rica, Colômbia e México. Eles têm quatro filhos adultos e residem em Portland, Oregon, próximo à sede internacional da Associação Evangelística Luis Palau.

PLANO DE LEITURA DA BÍBLIA EM UM ANO

JANEIRO
- [ ] 01. Gênesis 1–3
- [ ] 02. Gênesis 4–7
- [ ] 03. Gênesis 8–10
- [ ] 04. Gênesis 11–14
- [ ] 05. Gênesis 15–17
- [ ] 06. Gênesis 18–20
- [ ] 07. Gênesis 21–24
- [ ] 08. Gênesis 25–27
- [ ] 09. Gênesis 28–31
- [ ] 10. Gênesis 32–34
- [ ] 11. Gênesis 35–37
- [ ] 12. Gênesis 38–41
- [ ] 13. Gênesis 42–44
- [ ] 14. Gênesis 45–47
- [ ] 15. Gênesis 48–50
- [ ] 16. Êxodo 1–3
- [ ] 17. Êxodo 4–6
- [ ] 18. Êxodo 7–10
- [ ] 19. Êxodo 11–13
- [ ] 20. Êxodo 14–17
- [ ] 21. Êxodo 18–20
- [ ] 22. Êxodo 21–24
- [ ] 23. Êxodo 25–27
- [ ] 24. Êxodo 28–31
- [ ] 25. Êxodo 32–34
- [ ] 26. Êxodo 35–37
- [ ] 27. Êxodo 38–40
- [ ] 28. Levítico 1–3
- [ ] 29. Levítico 4–7
- [ ] 30. Levítico 8–10
- [ ] 31. Levítico 11–14

FEVEREIRO
- [ ] 01. Levítico 15–17
- [ ] 02. Levítico 18–21
- [ ] 03. Levítico 22–24
- [ ] 04. Levítico 25–27
- [ ] 05. Números 1–3
- [ ] 06. Números 4–7
- [ ] 07. Números 8–10
- [ ] 08. Números 11–14
- [ ] 09. Números 15–17
- [ ] 10. Números 18–21
- [ ] 11. Números 22–24
- [ ] 12. Números 25–27
- [ ] 13. Números 28–30
- [ ] 14. Números 31–33
- [ ] 15. Números 34–36
- [ ] 16. Deuteronômio 1–3
- [ ] 17. Deuteronômio 4–7
- [ ] 18. Deuteronômio 8–10
- [ ] 19. Deuteronômio 11–14
- [ ] 20. Deuteronômio 15–17
- [ ] 21. Deuteronômio 18–20
- [ ] 22. Deuteronômio 21–23
- [ ] 23. Deuteronômio 24–27
- [ ] 24. Deuteronômio 28–31
- [ ] 25. Deuteronômio 32–34
- [ ] 26. Josué 1–3
- [ ] 27. Josué 4–7
- [ ] 28. Josué 8–10

PLANO DE LEITURA DA BÍBLIA EM UM ANO

MARÇO

- [ ] 01. Josué 11–13
- [ ] 02. Josué 14–17
- [ ] 03. Josué 18–20
- [ ] 04. Josué 21–24
- [ ] 05. Juízes 1–3
- [ ] 06. Juízes 4–7
- [ ] 07. Juízes 8–10
- [ ] 08. Juízes 11–14
- [ ] 09. Juízes 15–17
- [ ] 10. Juízes 18–21
- [ ] 11. Rute 1–4
- [ ] 12. 1Samuel 1–3
- [ ] 13. 1Samuel 4–6
- [ ] 14. 1Samuel 7–9
- [ ] 15. 1Samuel 10–12
- [ ] 16. 1Samuel 13–15
- [ ] 17. 1Samuel 16–19
- [ ] 18. 1Samuel 20–22
- [ ] 19. 1Samuel 23–25
- [ ] 20. 1Samuel 26–28
- [ ] 21. 1Samuel 29–31
- [ ] 22. 2Samuel 1–3
- [ ] 23. 2Samuel 4–6
- [ ] 24. 2Samuel 7–10
- [ ] 25. 2Samuel 11–14
- [ ] 26. 2Samuel 15–17
- [ ] 27. 2Samuel 18–20
- [ ] 28. 2Samuel 21–24
- [ ] 29. 1Reis 1–3
- [ ] 30. 1Reis 4–6
- [ ] 31. 1Reis 7–9

ABRIL

- [ ] 01. 1Reis 10–12
- [ ] 02. 1Reis 13–15
- [ ] 03. 1Reis 16–19
- [ ] 04. 1Reis 20–22
- [ ] 05. 2Reis 1–3
- [ ] 06. 2Reis 4–6
- [ ] 07. 2Reis 7–9
- [ ] 08. 2Reis 10–12
- [ ] 09. 2Reis 13–16
- [ ] 10. 2Reis 17–19
- [ ] 11. 2Reis 20–22
- [ ] 12. 2Reis 23–25
- [ ] 13. 1Crônicas 1–3
- [ ] 14. 1Crônicas 4–6
- [ ] 15. 1Crônicas 7–9
- [ ] 16. 1Crônicas 10–12
- [ ] 17. 1Crônicas 13–15
- [ ] 18. 1Crônicas 16–18
- [ ] 19. 1Crônicas 19–22
- [ ] 20. 1Crônicas 23–26
- [ ] 21. 1Crônicas 27–29
- [ ] 22. 2Crônicas 1–3
- [ ] 23. 2Crônicas 4–6
- [ ] 24. 2Crônicas 7–9
- [ ] 25. 2Crônicas 10–13
- [ ] 26. 2Crônicas 14–16
- [ ] 27. 2Crônicas 17–19
- [ ] 28. 2Crônicas 20–22
- [ ] 29. 2Crônicas 23–26
- [ ] 30. 2Crônicas 27–29

PLANO DE LEITURA DA BÍBLIA EM UM ANO

MAIO

- [ ] 01. 2Crônicas 30–32
- [ ] 02. 2Crônicas 33–36
- [ ] 03. Esdras 1–4
- [ ] 04. Esdras 5–7
- [ ] 05. Esdras 8–10
- [ ] 06. Neemias 1–3
- [ ] 07. Neemias 4–7
- [ ] 08. Neemias 8–10
- [ ] 09. Neemias 11–13
- [ ] 10. Ester 1–3
- [ ] 11. Ester 4–7
- [ ] 12. Ester 8–10
- [ ] 13. Jó 1–3
- [ ] 14. Jó 4–6
- [ ] 15. Jó 7–10
- [ ] 16. Jó 11–13
- [ ] 17. Jó 14–16
- [ ] 18. Jó 17–20
- [ ] 19. Jó 21–23
- [ ] 20. Jó 24–26
- [ ] 21. Jó 27–30
- [ ] 22. Jó 31–33
- [ ] 23. Jó 34–36
- [ ] 24. Jó 37–39
- [ ] 25. Jó 40–42
- [ ] 26. Salmos 1–5
- [ ] 27. Salmos 6–10
- [ ] 28. Salmos 11–15
- [ ] 29. Salmos 16–18
- [ ] 30. Salmos 19–22
- [ ] 31. Salmos 23–26

JUNHO

- [ ] 01. Salmos 27–30
- [ ] 02. Salmos 31–34
- [ ] 03. Salmos 35–37
- [ ] 04. Salmos 38–41
- [ ] 05. Salmos 42–45
- [ ] 06. Salmos 46–50
- [ ] 07. Salmos 51–56
- [ ] 08. Salmos 57–61
- [ ] 09. Salmos 62–67
- [ ] 10. Salmos 68–70
- [ ] 11. Salmos 71–73
- [ ] 12. Salmos 74–77
- [ ] 13. Salmos 78–80
- [ ] 14. Salmos 81–85
- [ ] 15. Salmos 86–89
- [ ] 16. Salmos 90–94
- [ ] 17. Salmos 95–101
- [ ] 18. Salmos 102–104
- [ ] 19. Salmos 105–106
- [ ] 20. Salmos 107–109
- [ ] 21. Salmos 110–114
- [ ] 22. Salmos 115–118
- [ ] 23. Salmo 119
- [ ] 24. Salmos 120–130
- [ ] 25. Salmos 131–139
- [ ] 26. Salmos 140–144
- [ ] 27. Salmos 145–150
- [ ] 28. Provérbios 1–3
- [ ] 29. Provérbios 4–6
- [ ] 30. Provérbios 7–9

PLANO DE LEITURA DA BÍBLIA EM UM ANO

JULHO

- [ ] 01. Provérbios 10–12
- [ ] 02. Provérbios 13–15
- [ ] 03. Provérbios 16–18
- [ ] 04. Provérbios 19–21
- [ ] 05. Provérbios 22–24
- [ ] 06. Provérbios 25–27
- [ ] 07. Provérbios 28–31
- [ ] 08. Eclesiastes 1–3
- [ ] 09. Eclesiastes 4–6
- [ ] 10. Eclesiastes 7–9
- [ ] 11. Eclesiastes 10–12
- [ ] 12. Cântico dos cânticos 1–3
- [ ] 13. Cântico dos cânticos 4–6
- [ ] 14. Cântico dos cânticos 7–8
- [ ] 15. Isaías 1–3
- [ ] 16. Isaías 4–6
- [ ] 17. Isaías 7–9
- [ ] 18. Isaías 10–12
- [ ] 19. Isaías 13–15
- [ ] 20. Isaías 16–18
- [ ] 21. Isaías 19–21
- [ ] 22. Isaías 22–24
- [ ] 23. Isaías 25–27
- [ ] 24. Isaías 28–30
- [ ] 25. Isaías 31–33
- [ ] 26. Isaías 34–36
- [ ] 27. Isaías 37–39
- [ ] 28. Isaías 40–42
- [ ] 29. Isaías 43–45
- [ ] 30. Isaías 46–48
- [ ] 31. Isaías 49–51

AGOSTO

- [ ] 01. Isaías 52–54
- [ ] 02. Isaías 55–57
- [ ] 03. Isaías 58–60
- [ ] 04. Isaías 61–63
- [ ] 05. Isaías 64–66
- [ ] 06. Jeremias 1–3
- [ ] 07. Jeremias 4–6
- [ ] 08. Jeremias 7–9
- [ ] 09. Jeremias 10–12
- [ ] 10. Jeremias 13–15
- [ ] 11. Jeremias 16–18
- [ ] 12. Jeremias 19–21
- [ ] 13. Jeremias 22–24
- [ ] 14. Jeremias 25–27
- [ ] 15. Jeremias 28–30
- [ ] 16. Jeremias 31–33
- [ ] 17. Jeremias 34–36
- [ ] 18. Jeremias 37–39
- [ ] 19. Jeremias 40–42
- [ ] 20. Jeremias 43–45
- [ ] 21. Jeremias 46–48
- [ ] 22. Jeremias 49–50
- [ ] 23. Jeremias 51–52
- [ ] 24. Lamentações 1–3
- [ ] 25. Lamentações 4–5
- [ ] 26. Ezequiel 1–3
- [ ] 27. Ezequiel 4–6
- [ ] 28. Ezequiel 7–9
- [ ] 29. Ezequiel 10–12
- [ ] 30. Ezequiel 13–15
- [ ] 31. Ezequiel 16–18

PLANO DE LEITURA DA BÍBLIA EM UM ANO

SETEMBRO

- [ ] 01. Ezequiel 19–21
- [ ] 02. Ezequiel 22–24
- [ ] 03. Ezequiel 25–26
- [ ] 04. Ezequiel 27–29
- [ ] 05. Ezequiel 30–31
- [ ] 06. Ezequiel 32–33
- [ ] 07. Ezequiel 34–36
- [ ] 08. Ezequiel 37–39
- [ ] 09. Ezequiel 40–42
- [ ] 10. Ezequiel 43–45
- [ ] 11. Ezequiel 46–48
- [ ] 12. Daniel 1–3
- [ ] 13. Daniel 4–6
- [ ] 14. Daniel 7–9
- [ ] 15. Daniel 10–12
- [ ] 16. Oseias 1–3
- [ ] 17. Oseias 4–6
- [ ] 18. Oseias 7–8
- [ ] 19. Oseias 9–11
- [ ] 20. Oseias 12–14
- [ ] 21. Joel 1–3
- [ ] 22. Amós 1–3
- [ ] 23. Amós 4–6
- [ ] 24. Amós 7–9
- [ ] 25. Obadias; Jonas 1
- [ ] 26. Jonas 2–4
- [ ] 27. Miqueias 1–3
- [ ] 28. Miqueias 4–5
- [ ] 29. Miqueias 6–7
- [ ] 30. Naum 1–3

OUTUBRO

- [ ] 01. Habacuque 1–3
- [ ] 02. Sofonias 1–3
- [ ] 03. Ageu 1–2
- [ ] 04. Zacarias 1–3
- [ ] 05. Zacarias 4–6
- [ ] 06. Zacarias 7–9
- [ ] 07. Zacarias 10–12
- [ ] 08. Zacarias 13–14
- [ ] 09. Malaquias 1–2
- [ ] 10. Malaquias 3–4
- [ ] 11. Mateus 1–3
- [ ] 12. Mateus 4–6
- [ ] 13. Mateus 7–9
- [ ] 14. Mateus 10–12
- [ ] 15. Mateus 13–15
- [ ] 16. Mateus 16–18
- [ ] 17. Mateus 19–22
- [ ] 18. Mateus 23–25
- [ ] 19. Mateus 26–28
- [ ] 20. Marcos 1–3
- [ ] 21. Marcos 4–7
- [ ] 22. Marcos 8–10
- [ ] 23. Marcos 11–13
- [ ] 24. Marcos 14–16
- [ ] 25. Lucas 1–3
- [ ] 26. Lucas 4–6
- [ ] 27. Lucas 7–9
- [ ] 28. Lucas 10–12
- [ ] 29. Lucas 13–15
- [ ] 30. Lucas 16–18
- [ ] 31. Lucas 19–21

PLANO DE LEITURA DA BÍBLIA EM UM ANO

NOVEMBRO

- [ ] 01. Lucas 22–24
- [ ] 02. João 1–3
- [ ] 03. João 4–6
- [ ] 04. João 7–9
- [ ] 05. João 10–12
- [ ] 06. João 13–15
- [ ] 07. João 16–18
- [ ] 08. João 19–21
- [ ] 09. Atos 1–3
- [ ] 10. Atos 4–6
- [ ] 11. Atos 7–9
- [ ] 12. Atos 10–12
- [ ] 13. Atos 13–15
- [ ] 14. Atos 16–18
- [ ] 15. Atos 19–21
- [ ] 16. Atos 22–24
- [ ] 17. Atos 25–28
- [ ] 18. Romanos 1–3
- [ ] 19. Romanos 4–6
- [ ] 20. Romanos 7–9
- [ ] 21. Romanos 10–12
- [ ] 22. Romanos 13–16
- [ ] 23. 1Coríntios 1–3
- [ ] 24. 1Coríntios 4–6
- [ ] 25. 1Coríntios 7–9
- [ ] 26. 1Coríntios 10–12
- [ ] 27. 1Coríntios 13–16
- [ ] 28. 2Coríntios 1–3
- [ ] 29. 2Coríntios 4–6
- [ ] 30. 2Coríntios 7–10

DEZEMBRO

- [ ] 01. 2Coríntios 11–13
- [ ] 02. Gálatas 1–3
- [ ] 03. Gálatas 4–6
- [ ] 04. Efésios 1–3
- [ ] 05. Efésios 4–6
- [ ] 06. Filipenses 1–4
- [ ] 07. Colossenses 1–4
- [ ] 08. 1Tessalonicenses 1–5
- [ ] 09. 2Tessalonicenses 1–3
- [ ] 10. 1Timóteo 1–3
- [ ] 11. 1Timóteo 4–6
- [ ] 12. 2Timóteo 1–4
- [ ] 13. Tito 1–2
- [ ] 14. Tito 3; Filemom
- [ ] 15. Hebreus 1–3
- [ ] 16. Hebreus 4–6
- [ ] 17. Hebreus 7–9
- [ ] 18. Hebreus 10–13
- [ ] 19. Tiago 1–5
- [ ] 20. 1Pedro 1–5
- [ ] 21. 2Pedro 1–3
- [ ] 22. 1João 1–4
- [ ] 23. 1João 5; 2João
- [ ] 24. 3João; Judas
- [ ] 25. Apocalipse 1–3
- [ ] 26. Apocalipse 4–6
- [ ] 27. Apocalipse 7–9
- [ ] 28. Apocalipse 10–12
- [ ] 29. Apocalipse 13–16
- [ ] 30. Apocalipse 17–19
- [ ] 31. Apocalipse 20–22